empresas, ambiente e sociedade:
introdução à gestão socioambiental corporativa

EDITORA
intersaberes

SÉRIE DESENVOLVIMENTO SUSTENTÁVEL

empresas, ambiente e sociedade:
introdução à gestão socioambiental corporativa

Mario Sergio Cunha Alencastro

Conselho editorial
Dr. Ivo José Both (presidente)
Drª. Elena Godoy
Dr. Nelson Luís Dias
Dr. Neri dos Santos
Dr. Ulf Gregor Baranow

Editora-chefe
Lindsay Azambuja

Supervisora editorial
Ariadne Nunes Wenger

Analista editorial
Ariel Martins

Preparação de originais
Gabriel Plácido Teixeira da Silva

Capa
Sílvio Gabriel Spannenberg

Projeto gráfico
Bruno Palma e Silva

Iconografia
Sandra Sebastião

Dados Internacionais de Catalogação na Publicação (CIP)
(Câmara Brasileira do Livro, SP, Brasil)

Alencastro, Mario Sergio Cunha
  Empresas, ambiente e sociedade: introdução à gestão socioambiental corporativa / Mario Sergio Cunha Alencastro. – Curitiba: InterSaberes, 2012. – (Série Desenvolvimento Sustentável)
  Bibliografia.
  ISBN 978-85-8212-769-8

1. Desenvolvimento sustentável 2. Empresas – Responsabilidade social 3. Gestão ambiental 4. Impacto ambiental 5. Meio ambiente 6. Proteção ambiental 7. Responsabilidade I. Título. II. Série.

12-13639   CDD-658.408

Índices para catálogo sistemático:
1. Gestão socioambiental corporativa: Administração   658.408

1ª edição, 2012.

Informamos que é de inteira responsabilidade do autor a emissão de conceitos.

Nenhuma parte desta publicação poderá ser reproduzida por qualquer meio ou forma sem a prévia autorização da Editora InterSaberes.

A violação dos direitos autorais é crime estabelecido na Lei nº 9.610/1998 e punido pelo art. 184 do Código Penal.

Foi feito o depósito legal.

EDITORA intersaberes

Rua Clara Vendramin, 58 – Mossunguê
CEP 81200-170 – Curitiba – PR – Brasil
Fone: (41) 2106-4170
www.intersaberes.com
editora@editoraintersaberes.com.br

sumário

prefácio, 9
apresentação, 11

capítulo 1   Meio ambiente, 17
1.1 Termos e conceitos importantes, 17 ~ 1.2 Sociedades de risco, 21 ~ 1.3 A emergência da questão ambiental no cenário internacional, 24 ~ 1.4 Desafios ambientais, 32

capítulo 2   O paradigma do desenvolvimento sustentável, 43
2.1 Antecedentes históricos, 43 ~ 2.2 Considerações sobre o desenvolvimento sustentável, 46 ~ 2.3 As empresas e o desenvolvimento sustentável, 48

capítulo 3   Processos produtivos e meio ambiente, 53
3.1 Contaminação ambiental, 53 ~ 3.2 Ecoeficiência e produção mais limpa (P+L), 56 ~ 3.3 Impacto ambiental, Estudo de Impacto Ambiental (EIA) e Relatório de Impacto Ambiental (Rima), 62 ~ 3.4 Licenciamento ambiental, 63

capítulo 4   Gestão ambiental, 69
4.1 Evolução, conceitos e definições, 69 ~ 4.2 Sistemas de gestão ambiental, 71 ~ 4.3 Sistema de gestão ambiental conforme a série ISO 14000, 73 ~ 4.4 Certificação e acreditação, 78 ~ 4.5 Rotulagem ambiental, 79

capítulo 5   Responsabilidade social, 85
5.1 A evolução da responsabilidade social no mundo, 85 ~ 5.2 A teoria da responsabilidade social, 88 ~ 5.3 A ética e a responsabilidade social, 91 ~ 5.4 A prática da responsabilidade social, 93 ~ 5.5 Normas de responsabilidade social corporativa (RSC), 95

capítulo 6   Gestão da sustentabilidade, 103
6.1 Estratégias para a promoção da responsabilidade socioambiental, 103 ~
6.2 Gestão socioambiental e processos administrativos, 106 ~ 6.3 Como medir a sustentabilidade?, 108

para concluir…, 113
referências, 117
sobre o autor, 125

Qualidade de vida não significa apenas a quantidade e a qualidade dos bens e serviços de consumo, mas também a qualidade do meio ambiente.

(Kotler; Armstrong, 2007)

Toda organização deve assumir plena responsabilidade por seu impacto no ambiente, e em tudo aquilo que e por todos que forem por ela afetados.

(Drucker, 2006, p. 39)

As artes, as ciências, as religiões, as instituições educativas, os meios de comunicação, as empresas, as organizações não governamentais e os governos são todos chamados a oferecer uma liderança criativa. A parceria entre governo, sociedade civil e empresas é essencial para uma governabilidade eficaz.

(Carta da Terra, 2012)

prefácio

A vida, com base no carbono, como a conhecemos, surgiu no planeta Terra há aproximadamente 3,8 bilhões de anos, com os primeiros seres unicelulares. Mas apenas nos últimos 540 milhões de anos de nosso planeta é que a vida passou a apresentar um grau maior de complexidade com o surgimento dos vertebrados, trilobitas, peixes e répteis. Durante essa longa trajetória, por várias vezes houve extinção em massa, uma delas há 250 milhões de anos, a qual eliminou 90% das espécies vegetais e animais, marcando o fim da Era Paleozoica e dando início à Era Mesozoica, que foi dominada pelos dinossauros.

Assim, o processo de extinção em massa da vida mais conhecido ocorreu há 65,5 milhões de anos, com a queda de um gigantesco meteoro na baía de Yucatan, no México, fenômeno conhecido como K-T, e que extinguiu os dinossauros, que reinaram absolutos por quase 200 milhões de anos. As extinções dos dinossauros e de cerca de 60% das espécies que existiam na época possibilitou que os mamíferos evoluíssem e chegassem até o ser humano, o qual se tornou *sapiens* há apenas 120 mil anos.

Porém, o grande salto civilizatório ocorreu somente no final da última glaciação, há pouco mais de 10 mil anos. O ser humano se tornou gregário, domesticou plantas e animais, multiplicou-se atingindo neste início de século XXI uma população de mais de 7 bilhões de pessoas.

Embora na Antiguidade também tenha havido grandes cidades, como Roma, na época de Cristo, com 1 milhão de habitantes, ou Cusco, no Peru, no período do descobrimento da América, com o mesmo número de habitantes, foi nos últimos 200 anos da história da humanidade que encontramos o fenômeno da urbanização e o surgimento de grandes cidades em todos os continentes. Foi no período de industrialização e de intensa utilização de combustíveis fósseis que surgiu o aquecimento global, uma ameaça à vida na Terra.

A preocupação ambiental é recente. No Brasil, o tema **ecologia** começou a ser estudado com maior profundidade no ambiente acadêmico há menos de 50 anos. Para o grande público, tornou-se motivo de preocupação somente após a Conferência das Nações Unidas sobre Meio Ambiente e Desenvolvimento (Cnumad), no Rio de Janeiro, em 1992, conhecida por *Rio-92* ou *Eco-92*.

Porém, se refletirmos que a média de existência de uma espécie de mamífero é de 5 milhões de anos e que a espécie humana encontra-se apenas engatinhando, surge a preocupação de que temos de cuidar muito bem de nosso planeta, não apenas para os nossos filhos e netos, mas para as milhares de gerações que nos sucederão. Aliás, calcula-se que a vida existirá na Terra por, no mínimo, mais 1 bilhão de anos; portanto, a nossa tarefa é ainda maior. Preservar é a meta, e sustentabilidade a palavra de ordem.

O professor Mario Sergio Cunha Alencastro, com esta obra, *Empresas, ambiente e sociedade: introdução à gestão socioambiental corporativa*, nos mostra um caminho em que devemos seguir para que este planeta continue como o berço da vida por milhões e milhões de anos. Este livro aprofunda temas já abordados em sua obra anterior, *Ética empresarial na prática*, mostrando ao mundo corporativo que a questão ambiental é uma responsabilidade de todos, e, principalmente, da empresa que organiza o trabalho e gera bens e serviços. *Poluir* significa perder mercado, e a empresa que não tem responsabilidade socioambiental está com os dias contados.

Engenheiro de formação, Mario Sergio Cunha Alencastro é doutor em Meio Ambiente e Desenvolvimento e este seu livro é um guia seguro para estudantes e profissionais, não apenas aos que atuam na área ambiental, mas para todos os que buscam entender as questões ambientais e os conceitos e normas que as identificam.

Trata-se de um livro completo, que traz os principais conceitos de **meio ambiente, desenvolvimento sustentável** e **processos produtivos**. A responsabilidade social e a gestão da sustentabilidade, bem como as maneiras de medi-las, serão encontradas nesta obra, que, além de ser lida, deve ser estudada.

Todos os temas abordados pelo professor Mario Sergio Cunha Alencastro são emergenciais para este início de milênio em que a humanidade toma consciência de seu destino. Consciência de quem habita num pequenino grão de areia, como diz a canção popular, perdido nesta imensidão do universo. Mas o pequeno grão de areia, a Terra, é o nosso lar e é fundamental preservá-lo, para que o ser humano possa um dia viver um caso de amor com as estrelas.

Professor Jorge Bernardi
Vice-reitor do Centro Universitário Internacional – Uninter

apresentação

O tema deste livro é a **sustentabilidade** no âmbito das empresas. Trata-se de uma questão importantíssima, visto que, nos últimos anos, é possível verificarmos uma mudança de atitude por parte das organizações em relação à sua atuação socioambiental.

A introdução do conceito de *desenvolvimento sustentável*, tal como proposto pela Comissão Brundtland – aquele que "atende às necessidades do presente, sem comprometer a possibilidade de as gerações futuras atenderem às suas próprias necessidades" (Instituto Ethos..., 2012d) – e sua consagração definitiva na Conferência das Nações Unidas sobre o Meio Ambiente e o Desenvolvimento (Cnumad), realizada em 1992 no Rio de Janeiro, exerceu forte influência na dinâmica das empresas. O texto da Agenda 21, principal documento produzido nessa conferência, dá ênfase ao papel do comércio e da indústria para a promoção de uma produção mais limpa e à responsabilidade empresarial.

Antes disso, porém, as empresas já sofriam forte pressão por parte dos governos por conta dos impactos que suas atividades estavam causando no meio ambiente e na sociedade. Nos anos de 1960, os elevados índices de poluição nos países desenvolvidos fizeram com que os vários governos agissem no sentido de estabelecer leis que exigissem padrões rigorosos de qualidade ambiental e de controle da emissão de poluentes industriais.

A princípio, as indústrias adotaram um posicionamento claramente reativo e optaram por utilizar tecnologias de remediação e de controle dos resíduos apenas no final do processo produtivo, repassando os custos da operação e da manutenção dos equipamentos para o preço final dos produtos, o que refletiu em uma atitude na qual o meio ambiente era visto como um problema que comprometia a competitividade.

Mais tarde, nos anos de 1980, as empresas passaram a investir mais na modificação dos processos de produção, priorizando a minimização da geração dos resíduos, sua reutilização e/ou reciclagem. Em 1989, o Programa das Nações Unidas para o Meio Ambiente (Pnuma) lançou o Programa de Produção mais Limpa (P+L), que orientava as empresas a fabricarem seus produtos utilizando menos energia, menos água e menos matéria-prima, gerando, assim, menos resíduos para o tratamento final.

Foi só a partir da década de 1990 que as indústrias passaram a adotar normas para a qualidade ambiental, sobretudo as da International Organization for Standardization (ISO), como a série ISO 14000, para sistemas de gestão ambiental. Posteriormente, aspectos como impacto ambiental de produtos e serviços, avaliação do ciclo de vida de produtos, *ecodesign*, entre outros, começaram a fazer parte das tecnologias e dos processos de produção. Ao adotarem tecnologias mais limpas ou sistemas de gestão ambiental, as indústrias melhoravam seu desempenho ambiental, reduziam seus custos de produção e tornavam-se mais competitivas, bem como a atitude empresarial com relação ao meio ambiente passava a ser proativa.

Foi também no início da década de 1990 que o papel social das empresas passou a ser discutido e consolidou-se o conceito de responsabilidade social corporativa (RSC), que é o compromisso ético que as organizações têm para com a sociedade: compromisso que se traduz em ações que promovam a melhoria na qualidade de vida e do bem-estar social.

Assim, o foco principal deste livro é a respeito da emergência da questão socioambiental da empresa. Tendo como pano de fundo conceitual o desenvolvimento sustentável, a obra pretende proporcionar a você, leitor, a compreensão de alguns aspectos relacionados à gestão socioambiental.

O **primeiro capítulo** é uma introdução geral à temática do meio ambiente. Nele serão apresentados os principais conceitos utilizados nos estudos do ambiente, o perfil de risco que caracteriza as sociedades modernas, um apanhado histórico sobre a emergência das questões ambientais no cenário internacional e os grandes desafios a serem enfrentados pela humanidade para reverter um quadro de crescente degradação planetária.

A emergência do paradigma do desenvolvimento sustentável será tratada no **segundo capítulo**, no qual estudaremos os seus antecedentes históricos, o seu desenvolvimento e a sua consolidação e incorporação pelo setor empresarial.

Feito isso, já será possível analisarmos, no **terceiro capítulo**, como se dá a inter-relação entre a atividade produtiva e o meio ambiente e como os princípios da sustentabilidade estão influenciando as empresas na busca de processos mais limpos e eficientes sob o ponto de vista ambiental. Alguns tópicos relacionados ao licenciamento ambiental também serão abordados nesse capítulo.

A gestão ambiental e os seus sistemas conforme a ISO 14000 serão estudados no **quarto capítulo**. Trata-se de uma visão geral de todo o processo da gestão ambiental: da concepção do programa até a etapa de certificação.

Uma vez discutidos os aspectos relacionados à gestão ambiental propriamente dita, trataremos da responsabilidade social corporativa (RSC) no **quinto capítulo**. Estudaremos as origens históricas, a conceituação e as aplicações da

RSC. Nesse capítulo, também será feita uma apresentação sucinta das normas de responsabilidade social: a SA 8000 (*Social Accountability* 8000) e a ISO 26000.

O **sexto capítulo** será dedicado especialmente àqueles que têm interesse no desenvolvimento de projetos de sustentabilidade, pois tratará das estratégias para a promoção da responsabilidade socioambiental. Além disso, serão apresentados mecanismos para a integração da gestão socioambiental com os outros processos da empresa e alguns instrumentos utilizados para acompanhar e medir as ações nessa área.

A pretensão deste trabalho não é apresentar uma abordagem com muitos detalhes técnicos sobre os temas apresentados, pois se trata de uma obra de alcance geral, destinada principalmente a estudantes e profissionais que necessitam desenvolver uma visão generalista sobre o desenvolvimento sustentável e seus desdobramentos nas práticas e na gestão da reponsabilidade socioambiental.

capítulo 1

Meio ambiente

A expressão **meio ambiente** é tão comum na mídia, nas discussões acadêmicas e até mesmo no linguajar comum que, muitas vezes, esquecemos seu real significado. A tão debatida problemática ambiental é uma questão que, pela superficialidade com que é muitas vezes tratada, acaba por ser mal compreendida pela maioria das pessoas.

Neste capítulo, você terá a oportunidade de articular conceitos e fundamentos a respeito do significado de "meio ambiente", aprofundar seus conhecimentos sobre a crise ambiental contemporânea e acompanhar o processo histórico que consolidou a importância da questão ambiental no cenário internacional.

1.1 *Termos e conceitos importantes*

Fala-se tanto em "meio ambiente", mas, afinal, qual é o significado desta expressão? Uma definição por assim dizer clássica seria: "meio ambiente é o conjunto de forças e condições que cercam e influenciam os seres vivos e as coisas em geral", ou seja, "são todos os componentes vivos ou não, assim como todos os fatores, tais como clima, que existem no local em que um organismo vive" (Dashefsky, 2003, p. 183-184).

Em outras palavras, meio ambiente é tudo que envolve ou cerca os seres vivos. De acordo com Barbieri (2007, p. 5), o termo tem origem no prefixo latino *ambi* ("ao redor de" ou "ambos os lados") e é uma expressão consagrada no Brasil, na Espanha e nos demais países que falam a língua castelhana. Em Portugal, utiliza-se apenas a palavra *ambiente*, da mesma forma que na língua italiana. Já no idioma francês e no inglês, tem-se, respectivamente, *environnement* e *environment* (do francês antigo *environer* = circunscrever, cercar e rodear).

A Lei Federal nº 6.938, de 31 de agosto de 1981, em seu art. 3º, define **meio ambiente** como sendo o "conjunto de condições, leis, influências e interações de ordem física, química e biológica, que permite, abriga e rege a vida em todas as suas formas" (Brasil, 1981).

Até muito pouco tempo atrás, quando pensávamos em meio ambiente, a ideia generalizada era a de que estávamos nos referindo apenas às condições naturais.

Na atualidade, predomina a concepção de que o ser humano também o integra e que o meio ambiente é o produto da interação entre a natureza e o ser humano, em espaços e tempos concretos e com dimensões históricas e culturais específicas.

Nesse contexto, é possível distinguirmos três tipos de ambiente: (1) **ambiente fabricado** ou desenvolvido pelos seres humanos, constituído pelas cidades, pelos parques industriais e pelos corredores de transportes, como rodovias, ferrovias e portos; (2) **ambiente domesticado**, que envolve as áreas agrícolas, as florestas plantadas, os açudes, os lagos artificiais etc.; e (3) **ambiente natural**, constituído pelas matas virgens e outras regiões autossustentadas, pois são acionadas apenas pela luz solar e por outras forças da natureza, como precipitação, vento, fluxo de água etc. (Odum; Samiento, citados por Barbieri, 2007, p. 5-6).

Outra classificação muito interessante é a utilizada na Constituição Federal, de 5 de outubro de 1988, que divide o ambiente em **natural** (físico), **artificial**, **cultural** e **mundo do trabalho**, tal como esquematizado no Quadro 1.1.

Quadro 1.1 – Os distintos tipos de ambiente

Físico	Cultural	Artificial	Trabalho

✦ Flora
✦ Fauna
✦ Solo
✦ Água
✦ Atmosfera
✦ Ecossistemas
-------------------- 	
(Art. 225, § 1º, I e VII)
	✦ Patrimônios:
	  ✦ Cultural
	  ✦ Artístico
	  ✦ Arqueológico
	  ✦ Paisagístico
	  ✦ Manifestações culturais e populares
	-------------------- 	
	(Art. 215, § 1º e § 2º)
		✦ Conjunto de edificações particulares ou públicas, principalmente urbanas.
		-------------------- 	
		(Art. 5º, XXIII, art. 21, XX, e art. 182)
			✦ Conjunto de condições existentes no local de trabalho relativo à qualidade de vida do trabalhador.
			-------------------- 	
			(Art. 7º, XXXIII, e art. 200)

Fonte: Elaborado com base em Brasil, 1988.

Temos considerações muito interessantes a fazer a respeito dos distintos tipos de ambientes. O ambiente natural (físico) relaciona-se com o relevo, o clima, os solos e a vegetação que compõem o ambiente em que vivemos. As diferentes paisagens naturais que encontramos na superfície do nosso planeta, tais como praias, morros, florestas ou desertos, são resultantes de uma complexa combinação dos elementos naturais (ar, água e rochas). Sendo assim, já temos condições de definir um importante conceito: o de **biosfera**, ou esfera da vida.

O termo *biosfera* (do grego βιος, *bios* = vida; e σφαίρα, *sfaira* = esfera; esfera da vida), também conhecido como *ecosfera*, é a porção de nosso planeta que contém vida. Se considerarmos a dimensão total do planeta Terra, a biosfera é uma porção extremamente pequena, daí sua fragilidade.

A vida pode ser encontrada na porção mais baixa da atmosfera (troposfera) – o conjunto de gases que envolvem a Terra –, na camada que fica logo abaixo da superfície terrestre (litosfera) – as rochas e os solos, onde encontramos diversos tipos de minérios – e no interior dos corpos de água (hidrosfera) – a água existente no planeta, como rios, lagos, geleiras, oceanos e mares (Dashefsky, 2003, p. 47).

É no equilíbrio climático – que se dá pela interação da litosfera com a atmosfera e a hidrosfera – que surgem as condições adequadas para o desenvolvimento e a proliferação de vida.

Figura 1.1 – A formação da biosfera

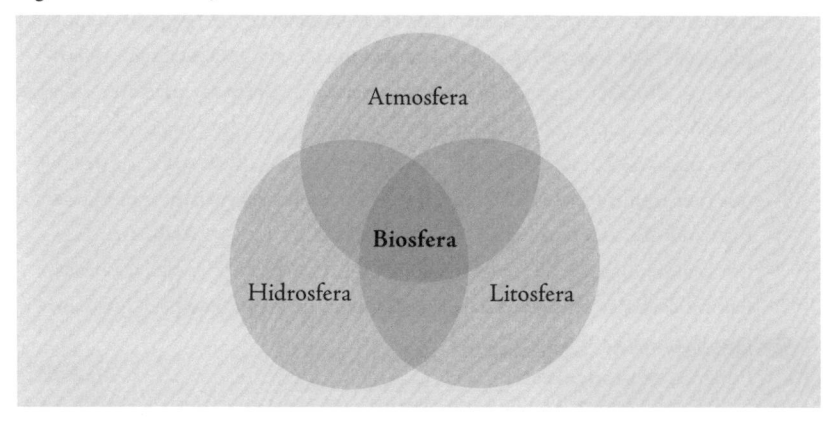

Fonte: Elaborado com base em Resende, 1998.

Podemos então dizer que a biosfera é a soma de todos os ecossistemas da Terra, sendo que *ecossistema* é um "sistema aberto que inclui todos os organismos vivos presentes em uma determinada área e os fatores físicos, químicos e biológicos com os quais eles interagem" (Mousinho, 2003, p. 349). É a comunidade biótica (fauna, flora e micro-organismos) que habita determinada área geográfica e todas as condições abióticas (solo, clima, umidade, temperatura etc.) que a caracterizam. O conceito de ecossistema é utilizado com muita flexibilidade em relação ao tamanho da região estudada. Um pântano, uma gruta, um rio, uma ilha ou até uma pequena lagoa podem ser chamados de *ecossistemas*. Os espaços maiores, como as florestas tropicais ou o cerrado, são chamados de *biomas*, pois abrangem um conjunto diversificado de ecossistemas.

A humanidade depende do meio ambiente, que é essencial para o desenvolvimento e o bem-estar humanos. Os recursos naturais são a base sobre a qual se constrói grande parte das riquezas dos países. Uma falência ambiental traria consequências nefastas para a segurança, a saúde, as relações sociais e as necessidades materiais das pessoas.

O ambiente natural tem várias funções que por si já justificariam um esforço de preservação e conservação*. De acordo com De Groot (1992), algumas dessas funções são:

- Funções de regulação: Capacidade dos ecossistemas naturais em regular os processos ecológicos essenciais e os sistemas de suporte da vida, contribuindo para a manutenção da saúde ambiental e fornecendo ar, água e solo de boa qualidade. Exemplos: cobertura vegetal, que contribui para a proteção do solo, a regulação do escoamento superficial e a prevenção contra as enchentes; vegetação nas áreas de mananciais, para proteger as nascentes de rios que alimentam os reservatórios de uma região; corpos hídricos (rios, lagos e lagoas), em conjunto com a vegetação, que influenciam no clima da região, constituem zonas de conforto térmico etc.
- Funções de suporte: Fornecimento de espaço ou meio para atividades humanas tais como habitação, cultivo e recreação. Exemplos: as áreas que fornecem suporte para moradias, infraestrutura, turismo e pesquisa.
- Funções de estéticas: Ecossistemas naturais que contribuem para uma saúde mental, desenvolvimento cognitivo e experiências estéticas. Exemplos: belas paisagens naturais servindo de inspiração para quadros, poesia, música.
- Funções de produção: São os recursos naturais utilizados para a alimentação e a matéria-prima para a indústria, os recursos energéticos e os materiais genéticos. Exemplos: fornecimento de água para várias finalidades, mudas para reflorestamento, grãos para agricultura, recursos medicinais (plantas), ornamentais etc.

Este último item merece especial atenção. Barbieri (2007, p. 9) nos diz que os recursos naturais podem ser renováveis (energia solar, ar, água, plantas, animais etc.) e não renováveis (argila, areia, minérios, carvão mineral, petróleo etc.). Aqui, nós temos um ponto de grande interesse: um recurso renovável, ainda segundo Barbieri (2007, p. 9), é "aquele que pode ser obtido indefinidamente de uma mesma fonte, enquanto o não renovável possui uma quantidade finita que em algum tempo irá se esgotar se for continuamente explorado". Isso não significa

---

* Conservação *implica uso racional de um recurso qualquer, ou seja, adotar um manejo de forma a obter rendimentos garantindo a utilização autossustentável do meio ambiente explorado. Já preservação apresenta um sentido mais restrito, significando a ação de apenas proteger um ecossistema ou recurso natural de dano ou degradação, ou seja, não utilizá-lo, mesmo que racionalmente e de modo planejado.*

que podemos utilizar de forma abusiva os recursos renováveis, visto que uma utilização excessiva poderá esgotá-los. Todo sistema natural, uma vez ultrapassada sua capacidade de resiliência (limite de resistência do ecossistema), pode não se recuperar e não retornar à sua forma original.

Rodrigues e Primack (2001, p. 41-42) chamam a atenção para a importância do bom uso dos recursos naturais, inclusive por conta dos benefícios econômicos fornecidos pela diversidade biológica, que incluem a "qualidade da água, a proteção do solo, recreação, educação, pesquisa científica e a provisão de futuras opções para a sociedade humana".

Infelizmente, as coisas não funcionam sempre dessa maneira. O que acontece frequentemente é um descompasso entre as demandas que envolvem os ambientes artificial e fabricado com as possibilidades do ambiente natural. Isso acontece porque o avanço científico e tecnológico, desde as primeiras revoluções industriais[*], se deu com base na premissa errada de que os recursos naturais (os minérios, as florestas e os solos) eram inesgotáveis e que a biosfera seria capaz de resistir à exploração excessiva, bem como teria capacidade de absorver todo tipo de resíduos e detritos produzidos pelo ser humano.

Como consequência, diversas espécies de seres vivos já desapareceram da face da Terra e outras estão ameaçadas de extinção, resíduos e detritos são depositados nos lixões e lançados nos rios e nos oceanos todos os dias e a poluição atmosférica aumenta diariamente, sobretudo nas grandes cidades.

Por conta disso, não é difícil percebermos que o advento e a consolidação da sociedade industrial capitalista – a despeito das vantagens que o modelo industrial nos trouxe, cujas consequências estão estritamente relacionadas aos danos ambientais e à saúde/qualidade de vida humana – são extremamente problemáticos.

1.2 Sociedades de risco

Para o sociólogo Anthony Giddens (1991, p. 126-132), o aparecimento do modelo industrial, inserido no que ele chamou de *modernidade tecnológica*, teria introduzido, nos sistemas sociais, um novo "perfil de risco", que afeta a população no planeta. Não são os riscos provocados pelo mundo da

---

[*] **Revolução Industrial** – Processo de transformação da economia baseada na atividade agrária manual para a atividade industrial mecanizada, iniciado na Inglaterra no século XVIII. Consistiu em um conjunto de mudanças tecnológicas com profundo impacto no processo produtivo em nível econômico e social (Senac, 1997, p. 75).

natureza, que o ser humano tenta controlar com a tecnologia, mas os riscos decorrentes exatamente do uso dos instrumentos técnico-científicos*.

A perspectiva apresentada por Giddens foi ampliada por um importante crítico da modernidade, o alemão Ulrich Beck, que em seu livro *Risk Society, Towards a New Modernity (Sociedade de risco, em direção a uma nova modernidade)* apresentou uma nova perspectiva para a compreensão da dimensão mais profunda dos riscos e de seus possíveis danos e impactos para a vida. Para Beck (1992), a produção social da riqueza é sempre acompanhada por uma produção social de risco. O processo de industrialização é indissociável do processo de produção de riscos, dado que as principais consequências do desenvolvimento científico industrial são a exposição da humanidade a riscos e as inúmeras modalidades de contaminação nunca observadas anteriormente, constituindo-se, portanto, em ameaças para os habitantes e para o meio ambiente. O problema é ainda maior porque os riscos gerados hoje não se limitam à população atual, uma vez que as gerações futuras também serão afetadas de forma até mais grave (Beck, 1992).

A degradação gerada pela devastação provocada pelo lançamento das bombas atômicas em Hiroshima e Nagasaki (Japão, em 1945), a contaminação das baías de Minamata e Nagata (Japão, na década de 1950), o vazamento de gases tóxicos em Seveso (Itália, em 1976) e Bhopal (Índia, em 1984), os acidentes de usinas nucleares em Three Mile Island (EUA, em 1978) e Chernobyl (Ucrânia – antiga URSS –, em 1986) e derramamentos de óleo no Alaska (EUA, em 1989) são exemplos catastróficos dos riscos aos quais as sociedades contemporâneas estão sujeitas. Para termos uma ideia da dimensão dos danos ambientais que acompanham as modernas "sociedades de risco", apresentamos, no Quadro 1.2, uma relação cronológica dos principais acidentes ocorridos em decorrência das atividades industriais.

---

* Sobre as sociedades de risco, ver o trabalho "A ética de Hans Jonas: alcances e limites sob uma perspectiva pluralista" (Alencastro, 2007), apresentado como trabalho de conclusão do Doutorado em Meio Ambiente e Desenvolvimento na Universidade Federal do Paraná (UFPR). Alguns conceitos apresentados neste capítulo são uma reprodução na íntegra de trechos das páginas 69-70 da referida obra. Ver também o trabalho "Prudência e responsabilidade: conceitos básicos na formulação de um 'Ethos' de sobrevivência para as sociedades de risco" (Alencastro; Heemann, 2006).

Quadro 1.2 – Principais acidentes ambientais ocorridos no século XX e no início do século XXI

Ano	Descrição
1947	Navio carregado de nitrato de amônia explode no Texas, causando mais de 500 mortes e deixando 3 mil feridos.
1956	Contaminação da baía de Minamata, Japão. Moradores morreram devido às altas concentrações de mercúrio, que causavam a chamada *doença de Minamata*. Foram registrados casos de disfunções neurológicas em famílias de pescadores, gatos e aves. A contaminação acontecia desde 1930 devido a uma indústria química instalada às margens da baía.
1966	Vazamento de gás liquefeito de petróleo (GLP) causou a morte de 18 pessoas e deixou 65 intoxicadas na cidade de Feyzin, França.
1976	Em Seveso, na Itália, um vazamento de dioxina causou a contaminação de 320 hectares, atingindo milhares de pessoas e animais. Foi uma das maiores catástrofes ecológicas da história. Em torno de 733 famílias foram retiradas da região.
1978	Na cidade de San Carlos, Espanha, um caminhão-tanque carregado de propano explodiu causando 216 mortes e deixando mais de 200 feridos.
1979	A usina norte-americana de Three Mile Island, na Pensilvânia (EUA), foi palco do pior acidente nuclear ocorrido até então. Tendo como causa problemas mecânicos e elétricos na operação dos equipamentos, 1,5 milhões de litros de água radioativa foram lançados no rio Susquehanna e gases radioativos escaparam e atingiram a atmosfera. Um dia depois do acidente, mediu-se a radioatividade ao redor da usina, que teria atingido um raio de 16 quilômetros com intensidade de até 8 vezes maior que a letal.
1984	Um vazamento de 25 toneladas de isocianato de metila, ocorrido em Bhopal, Índia, causou a morte de 3 mil pessoas e intoxicação em mais de 200 mil. O acidente foi causado pelo vazamento de gás da fábrica da Union Carbide.
1984	Em San Juanico, no México, um vazamento de GLP deixou 6.400 feridos.
1984	Em Cubatão (São Paulo), um incêndio causado pelo vazamento de 700 mil litros de petróleo matou 93 pessoas e destruiu 1.200 casas. O incêndio de cinco horas varreu as habitações de madeira, erguidas sobre o mangue.
1986	Um acidente na usina de Chernobyl (Ucrânia), causado pelo desligamento do sistema de refrigeração com o reator ainda em funcionamento, provocou um incêndio que durou uma semana, lançando na atmosfera um volume de radiação cerca de 30 vezes maior que o da bomba atômica de Hiroshima. A radiação espalhou-se e atingiu vários países europeus e até mesmo o Japão.

(continua)

(Quadro 1.2 – conclusão)

Ano	Descrição
1986	Em Basileia, na Suíça, após o incêndio em uma indústria, foram derramadas 30 toneladas de pesticida no Rio Reno, causando a mortandade de peixes ao longo de 193 km.
1989	O navio petroleiro Exxon-Valdez, ao se desviar de um *iceberg*, bateu num recife e encalhou no estreito Príncipe William, no Alasca. O rombo aberto no casco deixou vazar cerca de 44 milhões de litros de petróleo. O vazamento de óleo, o pior da história dos EUA, atingiu uma área de 260 km², poluindo águas, ilhas e praias da região, matando milhares de animais, entre peixes, baleias e leões-marinhos.
2010	Golfo do México – A plataforma de petróleo da empresa British Petroleum explodiu deixando 11 funcionários desaparecidos e uma mancha de óleo que se espalhou rapidamente pela costa dos EUA. Ainda não se sabe a real extensão do acidente.
2011	Acidente nuclear na Usina de Fukushima, ao norte de Tóquio, no Japão, foi motivado por um *tsunami* ocorrido no país em março de 2011 e gerou uma intensa liberação de fumaça e material radioativo na atmosfera.

Fonte: Adaptado de Dias, 2006.

A consciência do perfil de risco que estava embutido no progresso técnico-científico e uma crescente desconfiança em relação às atividades industriais fizeram com que, já na década de 1960, muitas vozes se levantassem no sentido de cobrar dos governos ações mais firmes no que diz respeito à segurança e à responsabilidade para com o meio ambiente.

1.3 A emergência da questão ambiental no cenário internacional

As preocupações ambientais não são, como muitos acreditam, um tema tão recente, pois é possível encontrarmos vários indícios de um "pensamento ambientalista" ao longo da história.* Na Antiguidade grega, por exemplo, Platão já denunciava os problemas de erosão dos solos decorrentes do desmatamento das colinas da Ática. Em Roma, ainda no primeiro século da era cristã, Plínio, "o Velho", externou sua preocupação em relação ao uso abusivo que

---

* *Em relação à "evolução do pensamento ambientalista", temos um trabalho intitulado "Ambientalismo e relações políticas internacionais" (Alencastro, 2009), cujas páginas 146--148 foram reproduzidas e adaptadas para uso nesta obra.*

os homens faziam do solo, o que causava erosão e colocava em risco a produção agrícola. Sabe-se também que, em 1669, Colbert, ministro francês de Luís XIV, a fim de reverter o problema da escassez da madeira, promulgou um decreto para a proteção das águas e das florestas francesas (McCormick, 1992).

No Brasil, é fato conhecido que José Bonifácio de Andrada e Silva (citado por Pádua, 2000, p. 119), no início do século XIX, já chamava a atenção para o uso inadequado dos recursos naturais, pois que, pela má utilização, as terras brasileiras estavam sendo esgotadas e as matas desaparecendo sob o fogo e o machado. Pelo mesmo motivo, as encostas dos morros estavam sofrendo erosão e, se a situação se mantivesse, com o passar do tempo faltariam as tão necessárias chuvas fecundantes, as quais favorecem a vegetação e alimentam as fontes e os rios, sendo que o Brasil, "em menos de dois séculos, ficará reduzido aos páramos e desertos áridos da Líbia".

Apesar desses antecedentes, o período de 1880 a 1910 ficou conhecido como o da "primeira onda significativa de ação ambiental" no Ocidente, visto que muitas das primeiras legislações ambientais e de planejamento do uso dos recursos naturais efetivamente datam dessa época (Dalton, 1994, p. 25).

Na Europa e nos Estados Unidos da América, por conta da degradação ambiental causada pelo crescente processo de industrialização e urbanização, a necessidade de se proteger algumas espécies de animais ameaçadas pela caça predatória foi, entre outros, um fator que fomentou diversas iniciativas voltadas à preservação ambiental, como a criação de áreas verdes urbanas, quase sempre criadas para melhorar a qualidade de vida dos trabalhadores das indústrias (McCormick, 1992, p. 25).

Após essa "primeira onda", seguiu-se um longo período de relativa inatividade no que diz respeito às preocupações ambientais. Foi uma época marcada por duas grandes guerras mundiais e por outros conflitos militares, sendo que o problema da segurança era o tema central nas relações internacionais, mobilizando a atenção de diversos países.

A preocupação pública com a questão ambiental começou a crescer novamente, e de forma contínua, desde meados da década de 1960. Essa "segunda onda de ação ambiental", que começou nos EUA e que percorreu quase toda a Europa Ocidental em torno dos anos de 1970, teve como inspiração o lançamento do livro *Silent Spring (A primavera silenciosa)*, em 1962, da escritora, cientista e ecologista norte-americana Rachel Louise Carson, o qual é considerado por muitos como o estopim que deflagrou a "segunda onda ambiental" e as ferrenhas contendas em torno do meio ambiente que se travariam nas próximas décadas. Nessa obra, a autora mostrou como o DDT (dicloro-difenil-tricloroetano), pesticida desenvolvido durante a Segunda Guerra Mundial para o combate dos mosquitos causadores da malária, penetrava na cadeia alimentar e acumulava-se nos tecidos gordurosos dos animais e dos seres humanos (foi detectada a presença de DDT até no leite materno), podendo causar câncer e alterações genéticas.

A grande polêmica trazida à baila pelo livro, além de expor os perigos do DDT, também questionava de forma contundente a confiança cega que a humanidade depositava no progresso tecnológico, abrindo caminho para o movimento ambientalista que viria a seguir.

Outro momento marcante na ascensão do ambientalismo foi a publicação, em 1972, pelo Clube de Roma*, do relatório sobre "Os limites do crescimento", que sinalizava para o problema de que o crescimento exponencial da economia moderna poderia acarretar, num espaço de tempo relativamente curto, uma catástrofe nos fundamentos naturais da vida, ou seja, o consumo voraz de recursos e a emissão descontrolada de poluentes estariam comprometendo a sobrevivência da humanidade (Figura 1.2). A então tendência de crescimento apontava que a capacidade de uso do planeta estaria ultrapassada em 100 anos, o que caracterizaria uma situação de colapso, ou seja, uma catástrofe ecológica maciça que traria fome e guerra (Meadows et al., 1972).

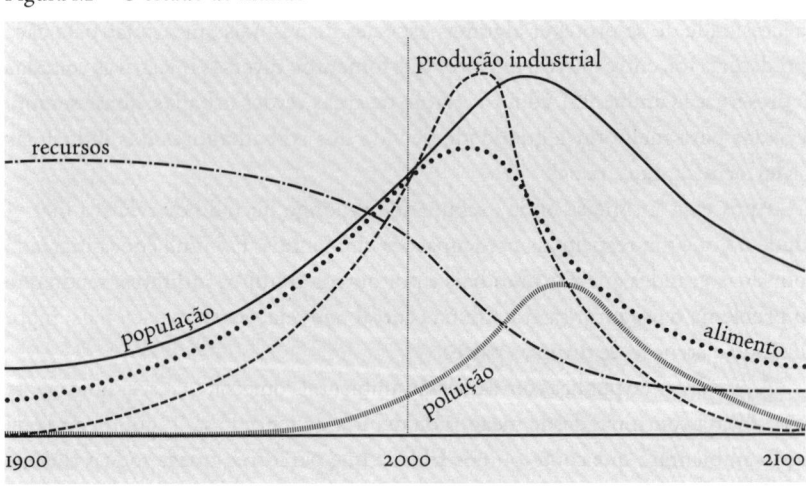

Figura 1.2 – O estado do mundo

Fonte: Elaborado com base em Meadows et al., 1972; Pepper, 1996.

---

* Fundado em 1968 na Academia Nacional dei Lincei (Roma), o Clube de Roma reúne economistas, industriais, banqueiros, chefes de Estado, líderes políticos e cientistas de vários países para analisar a situação mundial e apresentar previsões e soluções para o futuro. Para saber mais, consulte The Club of Rome (2012).

"Os limites do crescimento", a despeito de toda a polêmica que causou na época, serviu para chamar a atenção para os efeitos catastróficos que aconteceriam se as tendências de crescimentos demográfico e econômico continuassem a longo prazo. Os argumentos apresentados no relatório – construídos com base em complexos cálculos matemáticos e na teoria da dinâmica dos sistemas – fortaleceram o poder de crítica e de questionamento dos grupos ambientalistas, cada vez mais numerosos, organizados e atuantes politicamente.

A questão ambiental também teve desdobramentos no campo do pensamento político/filosófico. O movimento ecológico foi bastante influenciado, entre outros, pelo pensamento de Aldo Leopold (1887-1948), que propôs uma "Ética da Terra", visando estender o conceito de comunidade humana para todos os seres vivos, os solos e a matéria abiótica em geral. Sua proposta era não mais considerar a natureza somente como recurso natural, mas ser vista como espaço de vida do qual o ser humano faz parte. Leopold, ao fazer do ser humano parte da natureza, contrariava o paradigma até então vigente, que o colocava na condição de dono e senhor da natureza (Kwiatkowska; Issa, 1998).

Assemelhando-se à concepção de Leopold, a ecologia "profunda" defendida por Arne Naess (1973) adotou uma nova ética com base em princípios preconizadores de que: a valorização ética da natureza independe da sua utilidade quanto às demandas práticas da sociedade; os limites objetivos de qualquer ser vivo devem ser respeitados; os valores humanos devem ser equivalentes aos dos demais seres da natureza; os homens não têm nenhum direito que lhes assegure dominação sobre as outras espécies (a relação deve ser baseada no respeito e na solidariedade com os demais); a riqueza e a diversidade da vida devem ser garantidas às gerações futuras.

O horizonte moral teria sido expandido em três níveis: da bioética, do movimento pela libertação animal e da ética ecologista, em que a natureza na sua totalidade passou a ter valor intrínseco independente da valoração humana, reivindicando uma visão não antropocêntrica de mundo (Mori, 1994; Ferry, 1995).

O *Contrato natural*, postulado pelo filósofo francês Michel Serres, também é frequentemente evocado quando se aborda a necessidade de uma ética relacionada às questões ambientais. Nele são definidos os direitos relativos à natureza, sempre por meio da premissa de que ela é algo vivo – um sujeito que interage –, sujeito de direito. Por meio da constatação de que a natureza foi esquecida e mal tratada – no processo de construção do mundo e pela civilização tecnológica –, Serres denunciou um nível de violência explícito contra a natureza e, como solução, propôs que ela passasse a ser vista como sujeito, com direitos intrínsecos. O contrato natural seria um pacto a ser estabelecido entre o ser humano e o outro elemento que sempre tentou dominar racionalmente, ou seja, a própria natureza. É também uma ética que se projeta em relação às gerações futuras e que apregoa um "retorno à natureza", que, para o filósofo francês, significa acrescentar ao contrato social um contrato natural de simbiose e de reciprocidade com a natureza, sem o qual a vida corre sérios perigos de extinção (Pelizzoli, 1999, p. 34-35; Serres, 1994).

Ainda no campo da filosofia, destaca-se a obra de Hans Jonas, publicada pela primeira vez em 1979 e que exerceu profunda influência na tomada de consciência em relação aos problemas ambientais: *O princípio da responsabilidade: ensaio de uma ética para a civilização tecnológica*.

Nela, Jonas (2006) aponta para o choque causado pelas bombas atômicas de Hiroshima e de Nagasaki como o marco inicial do abuso do domínio do ser humano sobre a natureza, causando sua destruição. A evolução de uma tecnologia com grande potencial destruidor e devastador, como a bomba atômica, estaria propiciando uma nova ética, a "ética do medo", a qual poderia ser capaz de impor limites a essa evolução tecnológica acelerada e descontrolada. Jonas (2006) percebeu, mais do que a consciência de um apocalipse brusco, a possibilidade de um apocalipse gradual decorrente do perigo crescente dos riscos do progresso técnico global e seu uso inadequado.

A partir de então, o ambientalismo se disseminou desde as organizações não governamentais (ONGs) e grupos comunitários preocupados com a proteção ambiental (Greenpeace, Friends of the Earth, World Wildlife Fund etc.) às agências governamentais encarregadas de proteger o ambiente, bem como aos grupos de cientistas que pesquisam os temas ambientais aos setores empresariais voltados à implementação de um novo paradigma de gestão de processos produtivos, baseados sobretudo na eficiência do uso dos materiais, na conservação da energia e na redução da poluição.

O desdobramento das diversas tendências do movimento ambientalista proliferou-se em várias associações e organizações paragovernamentais que, além de fomentar o desenvolvimento de uma nova consciência ambiental, também conseguiram projetar a temática do meio ambiente no âmbito das discussões da Organização das Nações Unidas (ONU).

A Conferência de Estocolmo, realizada de 5 a 16 de junho de 1972, marcou uma etapa muito importante na política ambiental internacional contemporânea, sendo que muitas das diversas questões ali debatidas, tais como a dicotomia entre meio ambiente *versus* desenvolvimento, continuam a influenciar as relações entre os atores internacionais no domínio da questão ambiental e fomentam ainda importantes discussões no campo das políticas ambientais globais. O confronto entre as perspectivas dos países desenvolvidos e dos países em desenvolvimento foi a marca dessa conferência. Os países desenvolvidos, preocupados com as consequências de uma possível devastação do ambiente planetário, propuseram um programa internacional voltado para a conservação dos recursos naturais do planeta, pregando que medidas preventivas teriam de ser adotadas com urgência para se evitar o iminente desastre. Já os países em desenvolvimento, que lutavam contra a miséria, com sérios problemas de habitação, saneamento básico e doenças endêmicas, alertavam para o fato de que necessitavam prioritariamente desenvolver-se economicamente. É famosa a frase da então primeira-ministra da Índia, Indira Gandhi, que esteve presente na convenção de Estocolmo em 1972: "O pior tipo de poluição é a miséria" (Le Prestre, 2000, p. 174-175).

Os países em desenvolvimento colocaram em xeque a legitimidade das recomendações dos mais ricos, visto que estes já haviam conquistado o desenvolvimento econômico – quase sempre por meio do uso predatório dos recursos naturais – e que, de forma injusta, queriam impor aos mais pobres complexas exigências de controle ambiental, que poderiam retardar a industrialização e, consequentemente, o crescimento.

A conferência, que contou com representantes de 113 países, de 250 organizações não governamentais e dos organismos da ONU, produziu a "Declaração sobre o Meio Ambiente Humano": uma declaração de princípios e de responsabilidades que deveriam nortear as decisões concernentes ao meio ambiente. Também foi desenvolvido um plano de ação que convocava todos os países e os organismos das Nações Unidas, bem como todas as organizações internacionais, a cooperarem na busca de soluções para os problemas ambientais.

Como consequência dessa conferência, surgiu o Programa das Nações Unidas para o Meio Ambiente (Pnuma), que tem por objetivo catalisar as atividades de proteção ambiental dentro do sistema da ONU. A institucionalização das regras ambientais da referida instituição, por meio do Pnuma, evidenciou uma grande iniciativa de cooperação global acerca da temática ambiental.

A década de 1980 é marcada pelo documento publicado em 1987 pela Comissão Mundial sobre o Meio Ambiente, sob o título "Nosso futuro comum", também conhecido como *Relatório Brundtland*, que, entre outras coisas, apresentou o conceito **desenvolvimento sustentável**: um desenvolvimento capaz de "suprir as necessidades da geração presente sem afetar a habilidade das gerações futuras de suprir as suas" (CMMAD, 1991), que se transformaria num importante marco conceitual na elaboração de políticas ambientais adotadas por vários países. O desenvolvimento sustentável será abordado em detalhes no próximo capítulo.

O fato mais marcante da década de 1990 foi a realização, em 1992, da mais importante conferência internacional sobre meio ambiente: a Conferência das Nações Unidas sobre Meio Ambiente e Desenvolvimento (Cnumad). Essa conferência, também conhecida como *Cúpula da Terra* ou *Rio-92*, é um marco na história política do ambientalismo. Tendo reunido 175 países e 102 chefes de

Estado, a conferência destacou que os problemas ambientais não se restringem aos danos causados ao ambiente físico natural nem são um assunto apenas técnico ou econômico, mas envolvem as relações sociais em determinado território. O principal documento produzido na Cnumad ficou conhecido como **Agenda 21**. Trata-se de um abrangente plano de ação para ser adotado global, nacional e localmente por organizações do sistema das Nações Unidas, por governos e pela sociedade civil em todas as áreas em que a ação humana interage com o meio ambiente. A execução desse programa deveria levar em conta as diferentes situações e condições dos países e das regiões e a plena observância de todos os princípios contidos na Declaração do Rio sobre Meio Ambiente e Desenvolvimento.

A Agenda 21 é a mais completa tentativa já realizada de orientar para um novo padrão de desenvolvimento para o século XXI, cujo alicerce é a sinergia das sustentabilidades ambiental, social e econômica, presentes em todas as ações propostas.

Dez anos mais tarde, aconteceu em Joanesburgo a Cúpula Mundial sobre Desenvolvimento Sustentável, conhecida como *Conferência de Joanesburgo* ou *Rio+10*. Foi um encontro no qual se avaliaram os avanços e as dificuldades de operacionalização da Agenda 21 e quando se afirmou a declaração política intitulada "O Compromisso de Joanesburgo sobre Desenvolvimento Sustentável". Essa declaração é um documento que estabelece posições políticas por meio da ratificação dos princípios e dos acordos adotados nas conferências Estocolmo-72 e Rio-92. O documento conclama para o alívio da dívida externa dos países em desenvolvimento e o aumento do aporte financeiro para os países pobres, além de reconhecer que os desequilíbrios e a má distribuição de renda, tanto entre países quanto dentro deles, estão no cerne do desenvolvimento insustentável. O texto reconheceu que os objetivos estabelecidos na Rio-92 não foram alcançados e convocou as Nações Unidas a instituir um mecanismo de acompanhamento das decisões tomadas na Cúpula de Joanesburgo (Ribeiro, 2002).

A conferência de Joanesburgo também produziu um plano de implementação visando alcançar três objetivos principais: a erradicação da pobreza, a mudança nos padrões insustentáveis de produção e consumo e a proteção dos recursos naturais. Ao longo do plano de implementação, foram explicitadas várias metas, sendo que algumas ratificam o que já estava contido nos "Objetivos do Milênio" (Figura 1.3). Em resumo, as metas são:

- Reduzir pela metade a proporção da população com renda inferior a um dólar por dia e a proporção da população que sofre de fome.
- Garantir que todas as crianças, de ambos os sexos, recebam educação de qualidade e concluído o ensino básico.
- Eliminar a disparidade entre os sexos em todos os níveis de ensino.

- Reduzir em dois terços a mortalidade de crianças menores de cinco anos.
- Reduzir em três quartos a taxa de mortalidade materna e deter o crescimento da mortalidade por câncer de mama e de colo de útero.
- Parar a propagação do HIV/Aids e garantir o acesso universal ao tratamento. Deter a incidência da malária, da tuberculose e eliminar a hanseníase.
- Promover o desenvolvimento sustentável, reduzir a perda de diversidade biológica e diminuir pela metade a proporção da população sem acesso à água potável e ao esgotamento sanitário.
- Avançar no desenvolvimento de um sistema comercial e financeiro não discriminatório.
- Tratar globalmente o problema da dívida dos países em desenvolvimento.
- Formular e executar estratégias que ofereçam aos jovens um trabalho digno e produtivo.
- Tornar acessíveis os benefícios das novas tecnologias, em especial de informação e de comunicação.

A seguir, apresentamos na Figura 1.3 os objetivos do milênio propostos pela Assembleia-Geral das Nações Unidas.

Figura 1.3 – Os objetivos do milênio

Fonte: Movimento..., 2012.

A cidade do Rio de Janeiro foi sede da Conferência das Nações Unidas sobre Desenvolvimento Sustentável, que aconteceu entre 13 e 22 de junho de 2012. O encontro recebeu o nome de *Rio+20* e teve por objetivo renovar o engajamento dos líderes mundiais com o desenvolvimento sustentável do planeta, 20 anos após a Conferência das Nações Unidas sobre Meio Ambiente e Desenvolvimento (Rio-92).

Tendo como pano de fundo a questão da estrutura de governança internacional na área do desenvolvimento sustentável e a construção de uma "economia verde", capaz de interromper a degradação do meio ambiente, combater a pobreza e reduzir as desigualdades, a Rio+20 foi palco de importantes discussões envolvendo temas como segurança alimentar, cidades sustentáveis, erradicação da pobreza, inovação e tecnologia para o desenvolvimento sustentável, recursos hídricos, florestas e energia.

O documento final da Rio+20, intitulado "O Futuro que Nós Queremos" e que será adotado pelas principais lideranças mundiais, cita as principais ameaças ao planeta: desertificação, esgotamento dos recursos pesqueiros, contaminação, desmatamento, extinção de milhares de espécies e aquecimento global.*

Embora muitas entidades da sociedade civil apontem para o "fracasso" e a falta de ambição da conferência, pelo fato de que o acordo final não representa nenhum avanço significativo em relação ao já estabelecido nas conferências anteriores, a Rio+20 é mais um elo importante na longa tradição de reuniões da ONU com vistas ao estabelecimento de uma governança internacional com o objetivo de construir um futuro sustentável para a humanidade.

1.4 Desafios ambientais

Quais serão os principais desafios ambientais que a humanidade terá de enfrentar nos próximos anos? Sem dúvida, os maiores desafios estarão relacionados ao desmatamento, à expansão agropecuária, à urbanização e à poluição. De acordo com o relatório intitulado *Keeping Track of our Changing Environment: From Rio to Rio+20* (De olho nas mutações do meio ambiente: da Rio-92 à Rio+20), divulgado em 2011 pelo Pnuma (2011), as oito questões-chave para o desenvolvimento sustentável do planeta são:

----

1. **População:** O número de cidades com mais de 10 milhões de habitantes cresceu 110%. Esses centros de alta densidade populacional demandam

----

* *O documento final pode ser lido na íntegra na página da ONU. Disponível em: <http://www.uncsd2012.org/thefuturewewant.html>. Acesso em: 6 ago. 2012.*

maiores recursos, energia e infraestrutura, além de criarem problemas complexos de caráter ambiental, econômico e social.

2. **Mudanças climáticas:** As emissões globais de gases causadores de efeito estufa continuam a crescer por conta do uso de combustíveis fósseis, potencializando o fenômeno conhecido como *aquecimento global*, ou seja, o aumento da temperatura média do planeta*. Como consequência, todas as geleiras do mundo estão derretendo, o que não só contribui para o aumento do nível dos oceanos, como também compromete o bem-estar de, pelo menos, um sexto da população mundial, visto que o nível dos mares está crescendo por ano uma média de 2,5 mm, desde 1992. O aquecimento global também contribuiria para a desertificação e a expansão de doenças tropicais, como a malária, a dengue e a febre amarela.

3. **Energia:** O aumento da demanda energética devido ao crescimento populacional, à urbanização e a expansão do desenvolvimento industrial/tecnológico gera a necessidade de construção de novas usinas hidrelétricas e termelétricas, usinas nucleares grandes e pequenas etc. Quanto maior a utilização de combustíveis fósseis (termelétricas, carvão mineral), mais gases de efeito estufa são lançados na atmosfera. Outros tipos de matrizes energéticas, como hidrelétricas e usinas nucleares, possuem impactos ambientais associados à sua construção e operação (exemplo: falta de tratamento para os resíduos nucleares).

4. **Uso dos recursos naturais:** A cada ano, a utilização dos recursos supera em 20% a capacidade do planeta de regenerá-los. Em 2050, a população mundial vai consumir entre 180% e 220% do potencial biológico da Terra (WWI, 2010).

5. **Florestas:** A cobertura florestal mundial diminuiu 300 milhões de hectares desde 1990 e, atualmente, apenas 10% das florestas do planeta estão sob gestão sustentável certificada; a alta taxa anual de desmatamento das florestas, especialmente das tropicais, ocasiona diversos problemas, como

---

* *De acordo com o IPCC (Intergovernmental Panel on Climate Change), em uma previsão otimista, o aquecimento global seria de 1,8 °C e, em uma mais pessimista, de 4,0 °C até 2100. Mesmo na perspectiva otimista, os efeitos da mudança climática serão notórios antes do final do século. Furacões, extinção de geleiras, diminuição da camada de gelo nos polos, desertificação, desaparecimento de áreas costeiras, falta de água, déficit na produção de alimentos e aumento de doenças tropicais são algumas das consequências do aquecimento e que poderão afetar diretamente – ainda nesse século – a vida de milhões de pessoas (IPCC, 2012).*

erosão, diminuição da produtividade dos solos, perda de biodiversidade, assoreamento de corpos hídricos etc.

6. **Água potável:** A disponibilidade de água doce *per capita* está diminuindo em nível global. Se as atuais tendências forem mantidas, em 2025, cerca de 1,8 bilhões de pessoas habitarão em países ou em regiões com escassez absoluta de água, e 2/3 da humanidade serão afetados pelo estresse hídrico. A queda do nível dos lençóis freáticos se tornou um sério problema em algumas regiões. A metade dos rios do mundo está num nível muito baixo ou poluída.

7. **Uso dos solos:** O uso de terras para a agricultura cresce aproximadamente 13% ao ano. No entanto, o uso insustentável da terra e as mudanças climáticas estão produzindo a degradação dos solos. A agricultura de alta produção é uma grande consumidora de energia, de pesticidas e de fertilizantes. A expansão das fronteiras agrícolas aumenta as taxas de desmatamento e a perda de biodiversidade. Temos, hoje, no planeta, uma área equivalente à soma dos territórios dos Estados Unidos da América e do México que já está desgastada pela excessiva exploração agrícola, pela falta de água, por causa da salinização, da desertificação e da alteração dos ciclos biológicos.

8. **Segurança alimentar:** De acordo com a FAO*, a segurança alimentar existe quando todas as pessoas, a todo momento, têm acesso físico e econômico para alimentação nutritiva, saudável e em quantidade suficiente para atender às suas necessidades e preferências para uma vida ativa e saudável. Sabe-se, porém, que, mundialmente, em torno de 852 milhões de pessoas estão em fome crônica devido à pobreza extrema, enquanto até 2 bilhões de pessoas possuem segurança alimentar intermitente devido aos vários níveis de pobreza.

Além desses desafios, também poderíamos citar o "buraco na camada de ozônio". A camada de ozônio é uma capa de gás ozônio que envolve a Terra, protegendo-a de vários tipos de radiação, sendo que a principal delas, a radiação ultravioleta, é a maior causadora de câncer de pele. No último século, devido ao desenvolvimento industrial, passaram a ser utilizados produtos que emitem clorofluorcarbono (CFC), um gás que, ao atingir a camada de ozônio, destrói as moléculas que a formam (O_3), causando assim a destruição dessa camada da atmosfera e permitindo a passagem excessiva de raios ultravioleta, o que pode

------

* *FAO – Food and Agriculture Organization. Fundada em 1945, a FAO é uma organização das Nações Unidas cujo objetivo é aumentar a capacidade da comunidade internacional para promover, de forma eficaz e coordenada, o suporte adequado e sustentável para a segurança alimentar e a nutrição.*

provocar inúmeros males à saúde humana (queimaduras, câncer de pele, catarata e fragilização do sistema imunológico) e ao ambiente, como a redução das colheitas, a degradação do ecossistema dos oceanos e a diminuição da pesca (Mousinho, 2003, p. 340).

Embora mais de 90% de todas as substâncias causadoras da destruição da camada de ozônio deixaram de ser usadas entre 1992 e 2009, a camada que protege a Terra dos raios ultravioletas só voltará aos níveis anteriores aos anos de 1980 entre 2060 e 2075.

A diminuição da biodiversidade é outra grande situação incômoda. O desmatamento e outros problemas ambientais acarretam em perda de biodiversidade, ou seja, em extinção de espécies e perda da variabilidade da flora e da fauna. A biodiversidade e seus recursos genéticos são fundamentais para futuros desenvolvimentos tecnológicos. Associado a esse fenômeno está o esgotamento das reservas de pesca, visto que os ecossistemas aquáticos continuam sendo objeto de uma intensa exploração, que compromete a sustentabilidade da fonte de alimentos e a biodiversidade marinha.

Por fim, não poderíamos deixar de citar a falta de saneamento básico, principalmente nos países subdesenvolvidos. Esse é um problema crucial devido às inter-relações entre doenças de veiculação hídrica, distribuição de vetores e expectativa de vida adulta e taxa de mortalidade infantil, bem como pela poluição orgânica gerada pelo aporte de esgotos domésticos e pela drenagem pluvial em corpos de água, devido à falta de infraestrutura adequada e aos lançamentos irregulares.

Todos esses problemas são agravados pelos padrões insustentáveis de produção e consumo incentivados pelos países ricos e seguidos pelos que estão em fase de desenvolvimento. Os dados expostos nos gráficos da Figura 1.4 representam o crescimento de algumas atividades humanas desde o início da Revolução Industrial. Observem o aumento nas taxas de crescimento que ocorreram a partir da década de 1950: certamente representam uma dramática aceleração nos padrões de produção e consumo, com grandes impactos no meio ambiente.

Figura 1.4 – Crescimento das atividades humanas

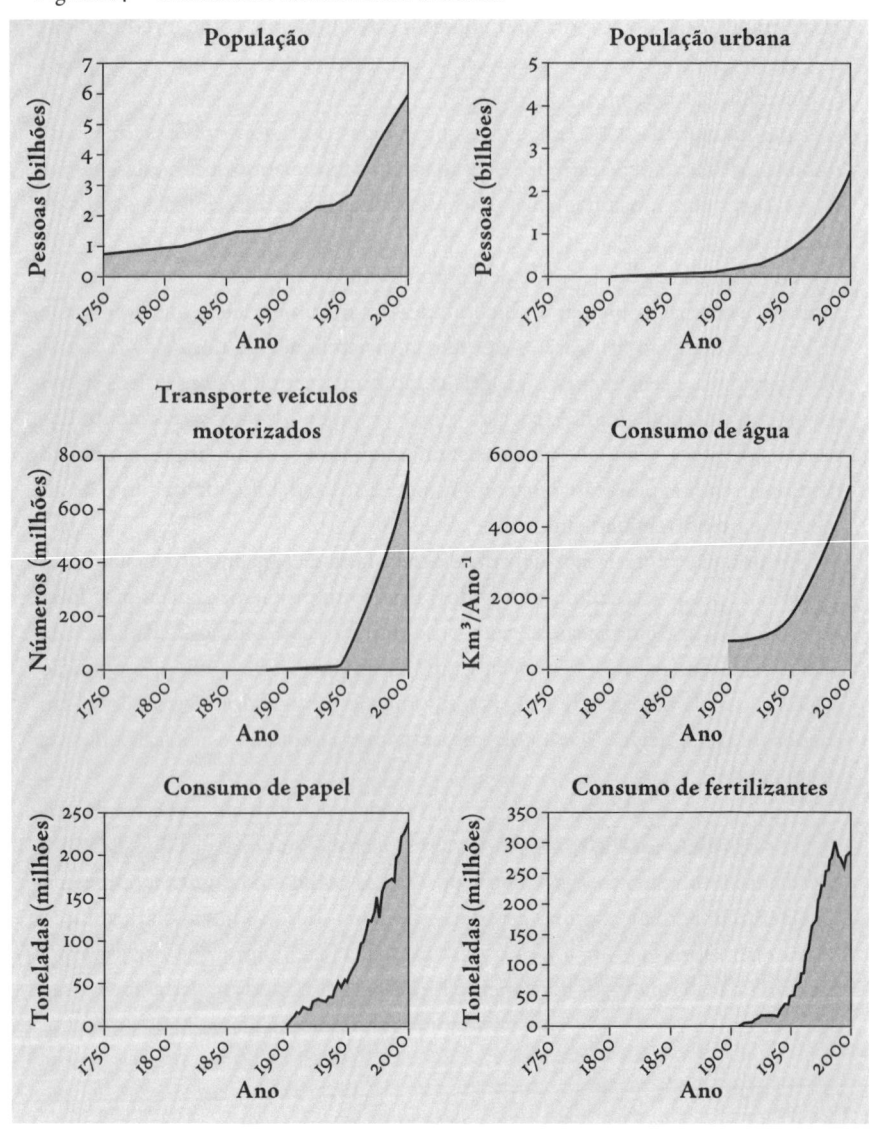

Gráficos: População; População urbana; Transporte veículos motorizados; Consumo de água; Consumo de papel; Consumo de fertilizantes

Fonte: Elaborado com base em Steffen et al., 2004.

Tudo indica que nossa "pegada ecológica" está muito alta. A análise da pegada ecológica (*ecological footprint analysis*) é uma forma clara e simples de se estabelecer as relações de dependência entre o ser humano, suas atividades e os recursos naturais necessários para a sua manutenção. Em outros termos, a pegada ecológica significa quanto de área produtiva natural é necessária para sustentar o consumo de recursos e a assimilação de resíduos de determinada população humana (Dias, 2002), ou seja, é um indicador que compara o impacto ecológico humano com a quantidade de terra produtiva e a área marítima disponível para o abastecimento de ecossistemas centrais. No cálculo da pegada ecológica, são considerados:

- **Terra bioprodutiva:** Terra para colheita, pastoreio, corte de madeira e outras atividades de grande impacto.
- **Mar bioprodutivo:** Área necessária para a pesca e o extrativismo.
- **Terra de energia:** Área de florestas e mar necessária para a absorção de emissões de carbono.
- **Terra construída:** Área para casas, construções, estradas e infraestrutura.
- **Terra de biodiversidade:** Áreas de terra e água destinadas à preservação da biodiversidade.

O conceito de pegada ecológica tem por base a ideia de que, para cada item de material ou de energia consumidos, determinada quantidade de terra (em hectares*) e uma ou mais categorias de ecossistemas são requeridas para prover o consumo e absorver os resíduos.

A medida da pegada ecológica é usualmente representada em *hectares globais* (gha) e fundamenta-se no conceito de "biocapacidade" ou "capacidade biológica", que é a capacidade dos ecossistemas de produzir material biológico útil e também para absorver resíduos materiais gerados pela atividade humana. O cálculo da biocapacidade de uma área é feito da seguinte forma:

Biocapacidade = Área Física Real × Fator de Produtividade

Para entender melhor o conceito, vamos calcular a biocapacidade do planeta Terra. Sabemos que dos 49 bilhões de hectares da superfície terrestre, existem cerca de 11,2 bilhões de hectares de terra e água biologicamente produtivos, aproximadamente. Dividindo esse valor pela população mundial, que é de aproximadamente 7 bilhões de habitantes, segundo estimativa da Organização das Nações Unidas (ONU), chegamos ao número de 1,6 gha por pessoa**.

---

* *Um hectare (símbolo: ha) é uma unidade de medida de área equivalente a 10.000 m². Equivale a aproximadamente 1 campo de futebol, cuja medida máxima (90 × 120 metros) totaliza 10.800 m², ou 1,08 hectares.*

** *Se considerarmos o fato de que compartilhamos o nosso planeta com mais de 10 milhões de outras espécies, não podemos usar totalmente o espaço ecológico bioprodutivo. Alguns autores defendem que se deve reservar cerca de 12% desse espaço para a proteção da biodiversidade, o que diminui ainda mais a biocapacidade planetária.*

De acordo com os estudos apresentados pelo relatório "Estado do Mundo – 2010", o indicador de pegada ecológica* mostra que atualmente a humanidade usa recursos e serviços de 1,4 Terra por ano (Figura 1.5). Em outras palavras, as pessoas estão usando quase um quarto a mais da capacidade da Terra do que a capacidade efetivamente disponível, afetando a regeneração dos próprios ecossistemas dos quais a humanidade depende.

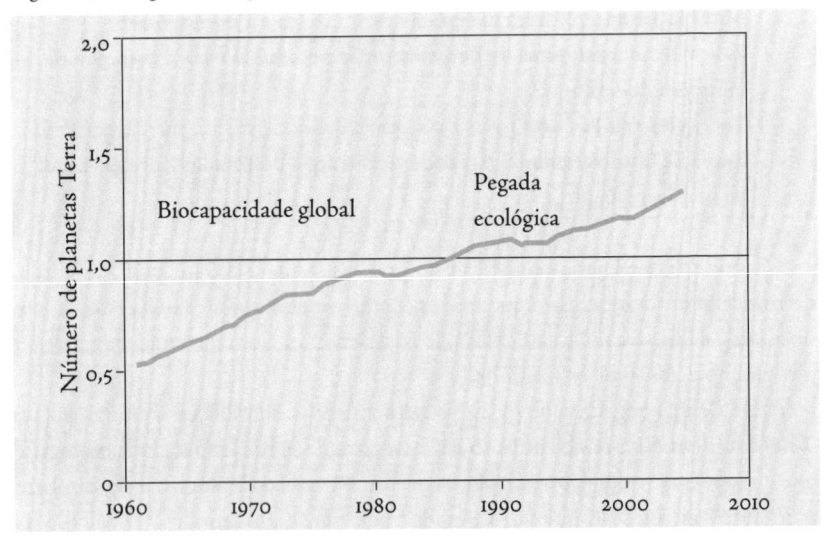

Figura 1.5 – Pegada ecológica da humanidade – 1961/2005

Fonte: Elaborado com base em WWI, 2010, p. 5.

Se considerarmos que a pegada ecológica do planeta é de 2,7 gha por pessoa e a biocapacidade disponível para cada ser humano é de 1,6 gha, já estamos com um déficit de 1,1 gha. Isso significa que o consumo excede a capacidade regenerativa do planeta. Se não mudarmos os padrões de consumo, não teremos mais recursos naturais disponíveis para nos sustentar, ou seja, o planeta se exaurirá.

---

* A Global Footprint Network (2012) calcula a pegada ecológica de vários países e até do planeta. Trata-se de uma organização internacional que trabalha para avançar a sustentabilidade por meio do uso da pegada ecológica, uma ferramenta de contabilidade dos recursos que mede o quanto de recursos naturais temos à nossa disposição, o quanto usamos desses recursos, quem usa e o que está sendo utilizado. Procura estabelecer os limites ecológicos fundamentais para a tomada de decisões, com vistas a acabar com os excessos e criar uma sociedade na qual todos possam viver bem em nosso planeta.

É claro que a pegada ecológica não é homogênea entre as diversas populações que habitam o planeta. Por exemplo: a pegada ecológica de um americano é de 9,6 gha/habitante, o que significa que, se cada pessoa vivesse nesse padrão de vida, seriam necessários 5,33 planetas Terra; já a pegada da Somália é de 0,4 gha/habitante, o que se traduz em termos de planeta a 0,22 Terra. São números impressionantes e que mostram o quanto existe de desigualdade mundial em termos de padrões de produção e consumo.

capítulo 2

O paradigma do desenvolvimento sustentável

O livro intitulado *A estrutura das revoluções científicas*, cujo autor é o eminente cientista norte-americano Thomas Kuhn, consagrou o conceito de **paradigma** ao aplicá-lo à história do fazer científico. Para esse autor, paradigmas são as realizações científicas universalmente reconhecidas e que, durante algum tempo, oferecem soluções modelares para determinada comunidade científica. Ou seja, "um paradigma é aquilo que os membros de uma comunidade [científica] partilham" (Kuhn, 2003, p. 219).

Se paradigma refere-se àquilo que é partilhado por uma comunidade científica, transformando-se numa forma de fazer ciência e numa matriz disciplinar, cabe aqui questionar se o desenvolvimento sustentável pode ser encarado como um novo paradigma, aceito e posto em prática por todos os atores envolvidos com a questão ambiental.

A Constituição Federal, de 5 de outubro de 1988, afirma que "todos têm direito ao meio ambiente ecologicamente equilibrado, bem de uso comum do povo e essencial à sadia qualidade de vida, impondo-se ao Poder Público e à coletividade o dever de defendê-lo e preservá-lo para as presentes e futuras gerações" (Brasil, 1988). O texto da Constituição está plenamente aderente ao conceito de desenvolvimento sustentável, tal como visto no capítulo anterior. Mas, o que vem mesmo a ser *desenvolvimento sustentável*? Há um consenso sobre o entendimento do que é sustentabilidade? Por conta dessas e de outras indagações e por se tratar de um conceito tão importante, dedicamos um capítulo exclusivamente para o seu estudo. Aqui, estudaremos os antecedentes históricos do desenvolvimento sustentável, bem com o seu desenvolvimento, a sua consolidação e a sua incorporação pelo setor empresarial.

2.1 Antecedentes históricos

A concepção de desenvolvimento sustentável surgiu no início da década de 1970, por meio do discurso dos movimentos ambientalistas e nas discussões sobre um tipo de desenvolvimento menos agressivo ao meio ambiente.

De acordo com Gilberto Montibeller Filho (2004), esse termo propagou-se inspirado no conceito de "ecodesenvolvimento", uma concepção muito em voga na época, que, fruto dos trabalhos do economista Ignacy Sachs (1993), criticava a visão economicista, que não considerava as questões sociais e ambientais e que tinha foco apenas na produção e nas taxas de crescimento econômico (Produto Interno Bruto – PIB). Também coube ao ecodesenvolvimento refutar o antropocentrismo econômico – para o qual a natureza é apenas matéria-prima para a produção de bens – e defender um estilo de vida menos consumista.

Com base nessas ideias, já na década de 1980, começou a se cogitar a possibilidade de um modelo de desenvolvimento que atendesse à necessidade da população presente, garantindo recursos naturais e boa qualidade de vida às gerações futuras. Tratava-se de um programa de mudança e aprimoramento do processo de desenvolvimento econômico, de forma que garantisse um nível básico de qualidade de vida para todas as pessoas e protegesse os sistemas ambientais e sociais que faziam com que a vida fosse possível e valesse a pena. Estava sendo consolidada a concepção de sustentabilidade que, nos seus primórdios, comportava cinco dimensões (Sachs, 1993):

1. **Social:** Reduzir as desigualdades sociais e considerar as necessidades materiais e não materiais das pessoas (distribuição de renda e bens, direito à dignidade e solidariedade).
2. **Ecológica:** Uso dos recursos naturais com o mínimo de deterioração, preservando as fontes de recursos naturais e energéticos.
3. **Econômica:** Organização da vida material com base na sustentabilidade social e num modelo menos agressivo ao meio ambiente. Aumento da produção e da riqueza social por meio da alocação e da gestão mais eficientes dos recursos.
4. **Espacial:** Distribuição mais equilibrada dos assentamentos humanos (evitar a excessiva concentração geográfica de populações). Equilíbrio cidade/campo.
5. **Cultural:** Soluções adaptadas às especificidades de cada ecossistema, cultura e local.

A essas cinco dimensões, poderíamos acrescentar também a sustentabilidade política, que é a construção da cidadania, em seus vários ângulos, visando à incorporação dos indivíduos ao processo de desenvolvimento.

Figura 2.1 – As dimensões da sustentabilidade

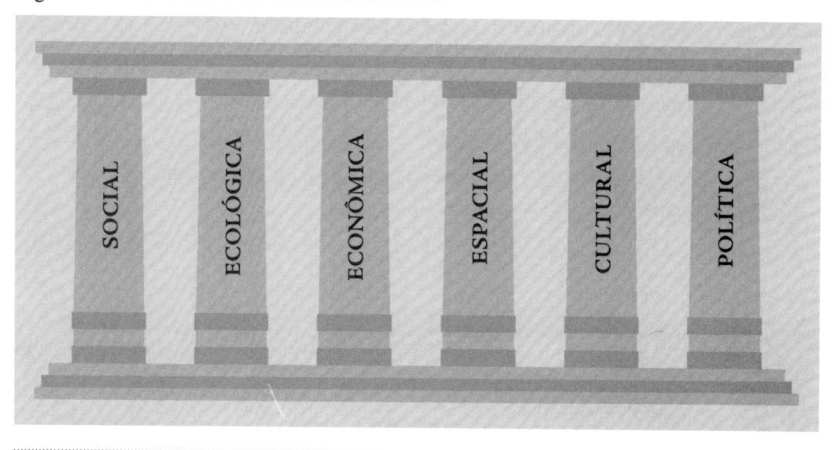

[Figura com seis pilares: SOCIAL, ECOLÓGICA, ECONÔMICA, ESPACIAL, CULTURAL, POLÍTICA]

Fonte: Elaborado com base em Sachs, 1993.

Para Enrique Leff (2001b, p. 15-18), o ecodesenvolvimento concebe as bases para uma sustentabilidade forte e propõe uma nova ordem econômica, capaz de respeitar os "limites do crescimento". Dessa forma, é importante que se busque: (1) a articulação dos processos ecológicos, tecnológicos e culturais; (2) novos estilos de vida, de produção e de consumo; (3) democracia, igualitarismo e diversidade.

Acima de tudo, a sustentabilidade tem como preocupação central o modo de produção, ou seja, quem produz, como produz, o que produz, porque produz e quais as consequências dessa produção.

O termo *sustentabilidade* foi, aos poucos, sendo substituído pela expressão *desenvolvimento sustentável*, conceito que foi apresentado como um novo paradigma na Conferência Mundial sobre a Conservação e o Desenvolvimento, realizada pela União Internacional para a Conservação da Natureza (IUCN), no ano de 1986, em Ottawa, no Canadá. No ano seguinte, como já abordado no capítulo anterior, a Comissão Mundial sobre o Meio Ambiente e Desenvolvimento (CMMAD), sob o título "Nosso futuro comum" (Relatório Brundtland), ratificou o conceito de desenvolvimento sustentável, que é um desenvolvimento capaz de "suprir as necessidades da geração presente sem afetar a habilidade das gerações futuras de suprir as suas" (CMMAD, 1991). Nunca é demais lembrarmos que foi essa a concepção de desenvolvimento sustentável consagrada na Rio-92 e ratificada na Agenda 21.

> A sustentabilidade tem como preocupação central o modo de produção.

É claro que a consolidação do conceito de desenvolvimento sustentável deu-se por meio de um extenso processo histórico e que, ao longo do tempo, incorporou vários novos autores. Inicialmente fruto do pensamento de cientistas e

ONGs, com o tempo passou a ter governos e empresários entre seus defensores. A Figura 2.2 apresenta esquematicamente essa evolução.

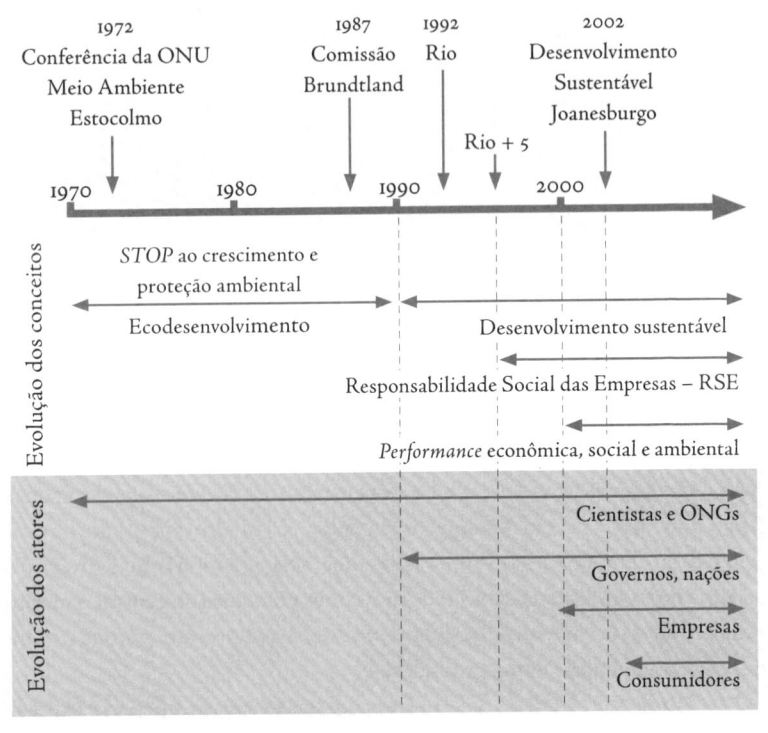

Figura 2.2 – A linha do tempo do desenvolvimento sustentável

	1972		1987	1992		2002	
	Conferência da ONU Meio Ambiente Estocolmo		Comissão Brundtland	Rio	Rio + 5	Desenvolvimento Sustentável Joanesburgo	
	1970	1980		1990		2000	

Evolução dos conceitos:
- STOP ao crescimento e proteção ambiental
- Ecodesenvolvimento
- Desenvolvimento sustentável
- Responsabilidade Social das Empresas – RSE
- *Performance* econômica, social e ambiental

Evolução dos atores:
- Cientistas e ONGs
- Governos, nações
- Empresas
- Consumidores

Fonte: Elaborado com base em Folon, 2010.

Observe que, paulatinamente, novos atores foram surgindo. Assim, notamos que, a partir da década de 1990, a empresa produtiva passa a desempenhar um papel importantíssimo no contexto do desenvolvimento sustentável.

2.2 Considerações sobre o desenvolvimento sustentável

O desenvolvimento sustentável visa ao equilíbrio entre o desenvolvimento econômico, o meio ambiente e as questões sociais. Montibeller Filho (2004, p. 54) o define como o "processo contínuo de melhoria das condições de vida (de todos os povos), enquanto minimize o uso de recursos naturais, causando um mínimo de distúrbios ou desequilíbrios ao ecossistema". Trata-se de um conceito bastante promissor, visto que políticas governamentais, estratégias empresariais e até hábitos de vida são por ele influenciados. No entanto, ainda existem ambiguidades quanto à sua definição, sendo que a expressão *desenvolvimento sustentável* tem sido continuamente redefinida.

Uma das conceituações mais utilizadas atualmente é o *Triple Bottom Line*, ou tripé da sustentabilidade (Figura 2.3), expressão apresentada pelo economista John Elkington (1997). O *Triple Bottom Line* ficou conhecido como os 3 Ps (*people, planet and profit*), pois se manifesta em três dimensões (gente ou capital humano, planeta ou capital natural e benefício econômico) que devem interagir para que o desenvolvimento sustentável seja atingido.

Figura 2.3 – O tripé da sustentabilidade

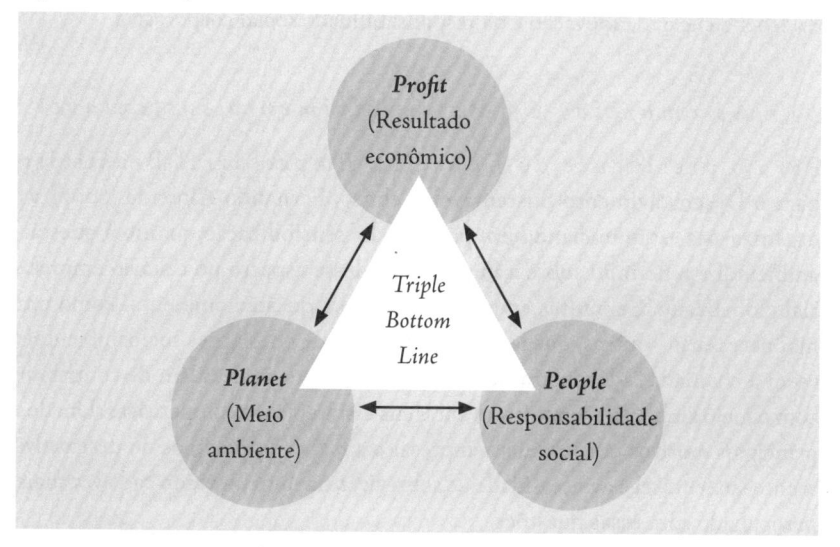

```
          Profit
       (Resultado
        econômico)

           Triple
           Bottom
           Line
  Planet              People
  (Meio          (Responsabilidade
  ambiente)           social)
```

Fonte: Elaborado com base em Elkington, 1997.

O *people* refere-se ao capital humano de uma empresa ou sociedade: é sua responsabilidade social. Envolve aspectos como salários justos, adequação à legislação trabalhista, ambiente de trabalho saudável e bom relacionamento com a sociedade no geral. O *planet* é o capital natural de uma empresa ou sociedade, que devem pensar em formas de diminuir e compensar seus impactos ambientais negativos. O *profit* é o nosso velho conhecido resultado econômico positivo (lucro) de uma empresa, sem o qual ela não sobrevive, mas que agora deve levar em conta os outros dois aspectos.

Por meio da perspectiva do desenvolvimento sustentável, a concepção de que o objetivo de uma empresa é apenas o lucro parece superada. Hoje em dia, questões como desenvolvimento econômico, social e ambiental passaram a ter grande relevância e os cidadãos começaram a exigir ações empresariais comprometidas com a ética e com a cidadania. Para atender a essas novas demandas, as organizações precisam oferecer produtos socialmente corretos e estabelecer um relacionamento ético com seus clientes, fornecedores e funcionários, bem como preocupar-se com as questões ambientais e com a qualidade de vida da sociedade.

O Conselho Empresarial Mundial para o Desenvolvimento Sustentável – World Business Council for Sustainable Development (WBCSD), organização fundada na Rio-92 com objetivo de incluir as preocupações empresariais no debate ambiental, congrega hoje centenas de altos executivos de empresas líderes mundiais e propõe que as lideranças empresariais atuem como catalisadoras para uma mudança em direção ao desenvolvimento sustentável por meio da promoção da ecoeficiência, da inovação e da responsabilidade social corporativa.

2.3 As empresas e o desenvolvimento sustentável

Para o presidente do Conselho Empresarial Brasileiro para o Desenvolvimento Sustentável (Cebds)*, Fernando Almeida (2002), as organizações estão iniciando um processo de sensibilização quanto à questão ambiental e refletindo sobre a importância desse aspecto no cenário empresarial globalizado. Se muitas empresas encaram a questão ambiental como um "mal necessário", outras, que já absorveram a prática das ações socioambientais, veem a chamada "administração verde" como um meio de, além de contribuir com o meio ambiente, conquistar vantagens estratégicas e competitivas. Um dos principais motivos que levam as empresas a adotar os princípios do desenvolvimento sustentável é a necessidade de sobrevivência num mercado cada vez mais preocupado com essas questões.

O desafio das empresas que buscam o desenvolvimento sustentável é conceber novas maneiras de operar em harmonia com a sociedade, os clientes, o governo, os fornecedores e outros *stakeholders* (partes interessadas), incluindo os concorrentes e o ambiente em que atua.

Nesse sentido, a Agenda 21, em seu Capítulo 30 (Fortalecimento do papel do comércio e da indústria), apregoa a promoção de uma produção mais limpa

---

* *O Cebds (Conselho Empresarial Brasileiro para o Desenvolvimento Sustentável) é uma associação civil, sem fins lucrativos, fundada em 1997 para promover o desenvolvimento sustentável entre as empresas que atuam no Brasil. Reunindo os maiores grupos empresariais do país, o órgão é o representante brasileiro da rede do World Business Council for Sustainable Development (WBCSD), que conta com quase 60 conselhos nacionais e regionais em mais de 30 países para disseminar uma nova maneira de fazer negócios ao redor do mundo. Para mais informações, acesse o site: <http://www.cebds.org.br>.*

e de uma responsabilidade socioambiental empresarial. Em síntese, esse capítulo diz que as empresas de um modo geral desempenham um papel árduo no desenvolvimento econômico, social e, também, podem influenciar na redução do impacto sobre o uso dos recursos e o meio ambiente do país, utilizando-se de recursos mais eficientes que produzam menos resíduos.

Os governos, as indústrias e as empresas devem fortalecer parcerias para programar os princípios e os critérios do desenvolvimento sustentável e identificar e implementar medidas regulamentadoras, como legislações, normas para promover o uso de sistemas de produção mais limpos, ser estimulados a informar anualmente sobre seus resultados ambientais e adotar códigos de conduta que promovam as melhores práticas ambientais.

Um exemplo é a geração de resíduos. Muitas empresas já perceberam que gerar resíduos é sinônimo de perdas econômicas a médio e longo prazos, pois isso representa:

- perda de insumos, isto é, desperdício de matérias-primas, água e energia;
- gastos adicionais com o tratamento, o armazenamento e a disposição final dos resíduos;
- risco potencial à saúde pública e ao meio ambiente: resíduos podem provocar graves acidentes ambientais quando manuseados, tratados ou dispostos de maneira inadequada.

C. K. Prahalad, Ram Nidumolu e M. R. Rangaswami (2009), autores que, por conta da sua *expertise*, são considerados leitura obrigatória em qualquer estudo sério no campo da inovação empresarial, afirmam que a antiga concepção de que investir em sustentabilidade socioambiental diminui a competitividade de uma empresa está completamente errada. Ao contrário, esse tipo de investimento certamente irá reduzir custos e aumentar a receita. Para esses autores, a sustentabilidade deve ser a base para a inovação empresarial e, no futuro, somente quem fizer da sustentabilidade uma meta terá vantagem competitiva. Cabe às empresas repensar não somente seus produtos, mas também suas tecnologias, processos e, principalmente, seus modelos e suas estratégias de negócios. Ou seja, trata-se de um imenso, mas sedutor, desafio para a capacidade empreendedora dos futuros profissionais que hoje se preparam para ingressar no mundo dos negócios. Criar produtos e serviços sustentáveis e/ou reformular o que já existe, a fim de não agredir o meio ambiente, é o grande desafio empresarial para o século XXI.

> A sustentabilidade deve ser a base para a inovação empresarial e, no futuro, somente quem fizer da sustentabilidade uma meta terá vantagem competitiva.

Em resumo, a incorporação dos princípios do desenvolvimento sustentável pelas empresas significa um salto qualitativo de uma abordagem convencional, que vê a questão ambiental como um problema, para uma abordagem consciente, na qual o meio ambiente é uma oportunidade. No Quadro 2.1, estão representadas as duas abordagens (convencional e consciente) e a transição de uma postura em que "meio ambiente é um problema" para a outra, a qual se torna uma oportunidade.

Quadro 2.1 – Meio ambiente: abordagem convencional *versus* consciente

	Convencional	Consciente
Lucro	Garantir o lucro, transferindo ineficiências para o preço do produto.	Assegurar o lucro controlando custos e eliminando/reduzindo perdas, fugas e ineficiências no uso dos recursos e da energia.
Resíduo	Descartar os resíduos da maneira mais fácil e econômica.	Valorizar os resíduos e maximizar os processos de reaproveitamento. Destinação correta dos resíduos não recuperáveis.
Investimentos	Protelar investimentos em qualidade ambiental.	Investir em melhorias nos processos e na qualidade ambiental dos produtos.
Legislação	Cumprir a lei no essencial. Evitar atritos que possam comprometer a imagem da empresa.	Adiantar-se e antecipar-se às leis, projetando uma imagem avançada da empresa.
Filosofia	"Meio ambiente é um problema!"	"Meio ambiente é uma oportunidade!"

Fonte: Elaborado com base em Valle, 2002, p. 39.

capítulo 3

Processos produtivos e meio ambiente

Do ponto de vista ambiental, as atividades empresariais devem buscar o uso de tecnologias que eliminem, ou reduzam ao máximo, os danos ao meio ambiente. Isso vale tanto para a localização quanto para o processo produtivo e para a destinação de resíduos.

No que diz respeito à localização, deverão ser analisados dados como: direção dos ventos dominantes, o tipo de terreno, a proximidade de núcleos habitacionais e a necessidade de preservar ou recuperar áreas prejudicadas durante a construção.

Quanto ao processo produtivo, este deve levar em conta a tecnologia empregada para verificar se é a que melhor permite o uso das matérias-primas ou se existem alternativas para um menor desperdício de insumos. Também devem ser verificados os níveis de ruído e a emissão de gases poluentes. A deposição dos resíduos, dos efluentes líquidos e dos rejeitos sólidos deve ser estudada com muito cuidado.

Dessa forma, torna-se essencial o interesse pelos processos produtivos industriais e a realização de projetos e estudos que visem à redução e à erradicação de poluentes gerados, a fim de garantir a preservação do meio e os benefícios econômicos para a própria indústria. Assim, para se atingir a produção sustentável, são requeridas ações muito mais amplas, entre as quais se destacam a produção mais limpa e a ecoeficiência, cujos principais conceitos serão apresentados neste capítulo. Além disso, discutiremos alguns tópicos relacionados ao licenciamento ambiental.

> A deposição dos resíduos, dos efluentes líquidos e dos rejeitos sólidos deve ser estudada com muito cuidado.

3.1 Contaminação ambiental

Vimos no Capítulo 1 que uma das consequências dos processos industriais é a exposição da humanidade a inúmeros riscos e diversas modalidades de contaminação que representam ameaças para as pessoas e para o meio ambiente. A poluição, em todas as suas formas, é uma das maiores preocupações atuais.

A Lei nº 6.938, de 31 de agosto de 1981 (Brasil, 1981), define *poluição* como a introdução no meio ambiente de qualquer matéria ou energia que altere as propriedades físicas, químicas ou biológicas desse meio, afetando (ou podendo afetar) a saúde das espécies animais ou vegetais que dependem ou tenham contato com ele. Nesse contexto, poluentes são os resíduos gerados pelas atividades humanas, causando impacto ambiental negativo, ou seja, uma alteração indesejável no ambiente; poluidor, por sua vez, é "a pessoa física ou jurídica, de direito público ou privado, responsável, direta ou indiretamente, por atividade causadora de degradação ambiental" (Brasil, 1981).

Existem diversos tipos de poluição. A poluição do ar (atmosférica), por exemplo, é a modificação da composição química do ar, seja pelo desequilíbrio dos seus componentes constitutivos, seja pela presença de elemento químico estranho, que cause prejuízos ao meio ambiente e, consequentemente, à saúde dos seres vivos. Suas causas podem ser naturais, como vulcões, pólen e poeiras em suspensão, ou antropogênicas (causadas pelo ser humano), como operações industriais, queimadas, transportes e incineração do lixo.

Um problema que se agrava dia a dia é a contaminação dos corpos hídricos. A poluição da água indica que um ou mais de seus usos foram prejudicados, podendo atingir o ser humano de forma direta, pois ela é usada por este para ser bebida, tomar banho, lavar roupas e utensílios e, principalmente, para sua alimentação e dos animais domésticos. Suas fontes de poluição estão na contaminação agrícola (os produtos agroquímicos, fertilizantes, esterco de animais e adubos), nos resíduos gerados pelas cidades (esgotos domésticos, lixo, entulhos e produtos tóxicos), nos resíduos industriais (materiais em suspensão, produtos químicos etc.) e na eutrofização (aumento da produtividade biológica que permite proliferações periódicas de algas).

Outra forma de poluição é a poluição do solo, que afeta a camada superficial da crosta terrestre, causando malefícios diretos ou indiretos à vida humana, à natureza e ao meio ambiente em geral. Esse tipo de poluição consiste na presença indevida no solo de elementos químicos estranhos, de origem humana, que prejudicam as formas de vida e seu desenvolvimento regular. Os resíduos provenientes dos aglomerados urbanos e das atividades industriais (aterros sanitários e substâncias químicas geradas pela indústria), assim como os de origem agrícola (uso indevido de agrotóxicos, fertilizantes sintéticos, defensivos agrícolas, técnicas arcaicas de produção, vinhoto, curtumes, suinocultura, salinização etc.), estão entre as principais causas dessa forma de poluição.

> Um problema que se agrava dia a dia é a contaminação dos corpos hídricos.

Menos evidentes, mas também prejudiciais à saúde humana, são a poluição sonora e a poluição visual. Sabe-se que o excesso de ruído provoca danos à saúde.

A Organização Mundial de Saúde (OMS) estabelece como limite de tolerância ao ruído o valor de 65 decibéis (dB). Um pouco acima desse valor, o organismo sofre estresse; acima de 85 dB há comprometimento auditivo. A poluição sonora gera problemas cardíacos quando o indivíduo está submetido a ruído intenso e contínuo. É o terceiro maior tipo de poluição ambiental. Há muitas fontes de ruído que ultrapassam esses limites. Por exemplo: um cortador de grama gera 107 dB, enquanto que o tráfego pesado, em média, gera de 80 a 85 dB. Uma furadeira em operação pode gerar de 100 a 105 dB e o motor de um ônibus municipal 82 dB. A poluição sonora provoca fadiga e reduz a eficiência no trabalho, é um dos agentes mais nocivos à audição, sendo que a Perda Auditiva Induzida por Ruído (Pair) é uma doença que afeta milhares de trabalhadores.

As propagandas veiculadas por meio de faixas, cartazes, placas, painéis, letreiros, pichações, edificações e monumentos mal cuidados são os principais responsáveis pela poluição visual. É o excesso de elementos ligados à comunicação visual (cartazes, anúncios, propagandas, *banners*, totens, placas etc.) e dispostos em ambientes urbanos que, além de promover o desconforto espacial e visual daqueles que transitam por esses locais, compromete a estética e, muitas vezes, o patrimônio cultural das cidades, pois esconde e danifica fachadas de prédios antigos, os quais compõem a memória das cidades.

Por fim, não podemos esquecer a poluição radioativa, que é a exposição às radiações, como aquelas produzidas pelas atividades ligadas à medicina e à odontologia (raios X e radioisótopos), aos testes nucleares, às explosões atômicas, às usinas e aos detritos nucleares.

Via de regra, a abordagem tradicional para a eliminação dos efeitos nocivos da poluição consiste em afastar o poluente gerado, diluí-lo, dispersá-lo, enfim, deixá-lo a uma distância que não incomode o seu gerador. Ainda é comum a presença de "lixões" nos arredores de grandes conglomerados humanos. Trata-se de uma forma inadequada de disposição final de resíduos sólidos, que se caracteriza pela simples descarga do lixo sobre o solo, sem medidas de proteção ao meio ambiente ou à saúde pública.

A questão da poluição e da geração de resíduos – aqui abordados em sentido amplo, ou seja, englobando os resíduos sólidos, efluentes líquidos e materiais presentes nas emissões atmosféricas – deve ser trabalhada de outra maneira: pela busca de soluções que minimizem os impactos causados pelos resíduos, eliminando-os na origem ou dando-lhes uma destinação útil, como reaproveitá-los na forma de matéria-prima.

Com o passar do tempo, as empresas perceberam que a geração de resíduos industriais acarreta danos ao meio ambiente e também custos. A geração de resíduos passou a ser considerada um desperdício de dinheiro, sobretudo pela necessidade de compra de insumos, além do desgaste de equipamentos, horas de empregados e multas. Além disso, ainda existem os custos de armazenamento, tratamento, transporte e disposição final.

A solução para a minimização desses problemas veio com a adoção de técnicas conhecidas como *controles preventivos*, que significam evitar ou minimizar a geração de resíduos na fonte. São exemplos disso: a minimização do consumo de água e o uso de matérias-primas atóxicas, entre outras.

Em resumo, a busca para se atingir a produção sustentável por meio de redução e/ou erradicação de resíduos poluentes na fonte geradora consiste no desenvolvimento de ações capazes de promover a redução de desperdícios, a conservação de recursos naturais, a diminuição ou eliminação de substâncias tóxicas, a redução da quantidade de resíduos gerados por processo e produtos e, consequentemente, a limitação de poluentes lançados no ar, no solo e na água. Isso nos remete diretamente aos conceitos de ecoeficiência e produção mais limpa (P+L).

3.2 Ecoeficiência e produção mais limpa (P+L)

Condição básica para que uma organização consiga atingir a qualidade ambiental, em harmonia com os princípios do desenvolvimento sustentável, é a utilização consciente e parcimoniosa de matérias-primas e energia. A otimização do uso de materiais e energia está diretamente ligada ao conceito de ecoeficiência.

A **ecoeficiência** é, portanto, a oferta de bens e produtos produzidos de forma a utilizar com a máxima eficiência o uso dos recursos do nosso planeta. A redução no consumo de energia e materiais (matéria-prima) é a tônica da ecoeficiência, e como consequência disso tem-se também a diminuição dos custos econômicos.

O World Business Council for Sustainable Development define a ecoeficiência como o

> *fornecimento de bens e serviços a preços competitivos que satisfaçam as necessidades humanas e tragam qualidade de vida, ao mesmo tempo em que reduz progressivamente o impacto ambiental e o consumo de recursos ao longo do ciclo de vida, a um nível, no mínimo, equivalente à capacidade de sustentação estimada da Terra.* (WBCSD, 2000a, p. 3)

Trata-se de uma filosofia de gestão que encoraja o mundo empresarial a procurar melhorias ambientais que também produzam benefícios econômicos.

As empresas ecoeficientes tornam-se mais responsáveis sob o ponto de vista ambiental e, também, mais lucrativas, pois ao incentivarem a inovação ganham em crescimento e competitividade. A ecoeficiência diz respeito à criação de valor com menos impacto socioambiental.

Em resumo,

> racionalizando os gastos com insumos e matérias-primas, estas empresas estão reduzindo o impacto produtivo no meio ambiente, tornam-se mais competitivas, eliminam áreas de atritos com grupos de interesse (stakeholders), reduzem a possibilidade de acidentes, melhoram sua imagem. Enfim, são ganhos tangíveis e intangíveis. (Almeida, 2005, grifo nosso)

Segundo Valle (2002, p. 42), pela aplicação da ecoeficiência procura-se atingir sete objetivos principais:

1. Reduzir o conteúdo de material dos bens e serviços gerados.
2. Reduzir o conteúdo de energia dos bens e serviços gerados.
3. Reduzir a dispersão de materiais tóxicos.
4. Estimular a reciclagem de materiais.
5. Maximizar o uso sustentável dos recursos renováveis.
6. Ampliar a durabilidade dos produtos.
7. Aumentar a participação dos serviços nos bens e serviços gerados.

A ecoeficiência não se limita simplesmente a fomentar melhorias da eficiência em hábitos e práticas já existentes; ao contrário, ela deve estimular a criatividade e a inovação na procura de novas formas de atuação. A ecoeficiência também não se restringe a áreas intrínsecas às empresas, como a produção e a gestão da unidade fabril. Ela também é válida para as atividades de montante e de jusante de uma unidade fabril, envolvendo as cadeias de oferta e de valor do produto. Consequentemente, a ecoeficiência pode representar um enorme desafio para engenheiros de processo, departamento de compras, gestores de produtos, especialistas em *marketing*

> A **ecoeficiência** é, portanto, a oferta de bens e produtos produzidos de forma a utilizar com a máxima eficiência o uso dos recursos do nosso planeta.

e até para os departamentos financeiros e de controle de gestão. As oportunidades para a ecoeficiência podem ocorrer em qualquer estágio do ciclo de vida de um produto (WBCSD, 2000a).

Outro conceito importantíssimo é o de produção mais limpa (P+L). A expressão **produção mais limpa** (*Cleaner Production*) foi criada pela United Nations Industrial Development Organization (Unido) em conjunto com o United Nations Environmental Programme (Unep). Trata-se da "aplicação contínua de uma estratégia ambiental preventiva e que envolve processos, produtos e serviços, de modo que se previnam ou reduzam os riscos para os seres humanos e o meio ambiente"'* (Unido, 2012, tradução nossa). Isso implica, entre outras coisas, abolir o uso de materiais tóxicos, reduzir a quantidade de emissões e resíduos, melhorar o ciclo de vida dos produtos etc. (Dias, 2006, p. 126-127).

O foco central da produção mais limpa é a não geração, minimização ou reciclagem de resíduos e emissões de poluentes gerados em um processo produtivo (CNTL, 2012b).

A adoção da produção mais limpa requer não somente a melhoria tecnológica, mas a aplicação de *know-how* e a mudança de atitudes. A estratégia geral para alcançar os objetivos da P+L é de sempre mudar as condições na fonte em vez de lutar contra os sintomas. A P+L aplica-se a:

- Processos produtivos: Conservação de matérias-primas e energia, eliminação de matérias-primas tóxicas, redução da quantidade e da toxicidade dos resíduos e das emissões de poluentes.
- Produtos: Redução dos impactos negativos ao longo do ciclo de vida de um produto (desde a extração das matérias-primas até a sua disposição final).
- Serviços: Incorporar as questões ambientais dentro da estrutura organizacional da empresa e da prestação de serviços.

A prevenção da poluição é um processo associado à P+L. É a utilização de processos, práticas, materiais, produtos ou energia que evitam ou minimizam a geração de poluentes e resíduos na fonte de geração e que reduzam os riscos globais para a saúde humana e para o ambiente. A prevenção da poluição deve ocorrer para priorizar o uso sustentável dos recursos naturais, para que, a partir daí, se pense em medidas de controle.

De acordo com Valle (2002, p. 99), as abordagens para o tratamento dos resíduos e o controle da poluição são os seguintes**:

- Redução – Abordagem preventiva orientada para diminuir o volume e o impacto ambiental gerado pelos resíduos. Esse é o ato mais importante, pois a quantidade de lixo gerado deve ser minimizada ao máximo.

* "CP is the continuous application of an integrated preventative environmental strategy to processes, products and services to increase efficiency and reduce risks to humans and the environment." (Unido, 2012)

** É comum, quando se fala em uso sustentável dos recursos, pensarmos na política dos 3 Rs, que é um conjunto de ações sugeridas durante a Conferência da Terra, realizada no Rio de Janeiro em 1992, e o 5º Programa Europeu para o Ambiente e o Desenvolvimento, realizado em 1993. Os 3 Rs consistem nos atos de **reduzir, reutilizar** e **reciclar** o lixo produzido.

A redução é obtida por meio da aquisição de produtos mais resistentes e que apresentem maior durabilidade, evitando ao máximo os produtos descartáveis.

- Reaproveitamento – Abordagem corretiva direcionada para trazer de volta ao ciclo produtivo das matérias-primas as substâncias e os produtos extraídos dos resíduos depois que já foram gerados. O reaproveitamento salienta três aspectos distintos:
    1. Reutilização (ou reuso) – É o reaproveitamento direto, o qual consiste no ato de utilizar, quando possível, várias vezes determinado produto, como as garrafas retornáveis e certas embalagens reaproveitáveis.
    2. Reciclagem – Equivale à transformação dos resíduos em novos produtos ou novas matérias-primas. É o reaproveitamento cíclico de matérias-primas de fácil purificação, como o papel, o vidro e o alumínio.
    3. Recuperação – É a extração de algumas substâncias dos resíduos, como óxidos, metais etc.
- Tratamento – Abordagem técnica que visa alterar as características de um resíduo tendo como objetivo neutralizar os seus efeitos nocivos.
- Disposição – Abordagem passiva orientada para conter os efeitos dos resíduos, mantendo-os sob controle em locais monitorados, como os aterros sanitários.

Além dos itens apresentados anteriormente, existe também a possibilidade de recuperação energética dos resíduos. A recuperação energética é, via de regra, o processo de geração de energia sob a forma de eletricidade ou de calor provenientes da incineração de resíduos. É o caso da destruição térmica dos resíduos sólidos em incineradores específicos acoplados a termoelétricas, como é feito em muitas cidades europeias. O produto da incineração são as cinzas, que em volume reduzido serão destinadas a aterros.

O art. 9º da Lei nº 12.305, de 2 de agosto de 2010, chamada de *Lei da Política Nacional de Resíduos Sólidos*, afirma que, na "gestão e gerenciamento de resíduos sólidos, deve ser observada a seguinte ordem de prioridade: não geração, redução, reutilização, reciclagem, tratamento dos resíduos sólidos e disposição final ambientalmente adequada dos rejeitos" (Brasil, 2010). Há, portanto, uma hierarquia quando se pensa em tratamento de resíduos e controle da poluição, conforme representado no Quadro 3.1.

Quadro 3.1 – Tratamento de resíduos e controle da poluição

+	Máximo benefício	
↓	Redução na fonte	Uso sustentável dos recursos
	Reaproveitamento (reutilização/ reciclagem/recuperação)	
	Recuperação energética	
	Tratamento	Controle da poluição
	Disposição final	
−	Mínimo benefício	

Fonte: Elaborado com base em Barbieri, 2007, p. 123; Valle, 2002, p. 99.

A ecoeficiência e a P+L propõem a paulatina eliminação da migração do modelo industrial "linear clássico" (Figura 3.1) gerador de resíduos em todas as fases do processo produtivo, no qual, quando existe, a contenção e o tratamento só acontecem após a geração dos resíduos.

Trata-se de um avanço em relação à estrutura de fim de tubo (*end of pipe*), que utiliza as tecnologias para remediação e controle dos resíduos apenas no final do processo produtivo. Cabe lembrar que as soluções voltadas exclusivamente para o controle da poluição, embora de grande importância, são insuficientes na medida em que atuam apenas sobre a poluição, valendo-se de práticas para impedir os efeitos decorrentes da poluição gerada por um dado processo. Em geral, esse tipo de abordagem tem o objetivo de atender às exigências estabelecidas nos instrumentos de comando e controle aos quais a empresa está sujeita (Barbieri, 2007).

Equipamentos para o controle da poluição atmosférica, como filtros para retenção de material particulado utilizados em chaminés, são bons exemplos de utilização das tecnologias "fim de tubo", visto que os resíduos são tratados apenas no final do processo produtivo, sem ações preventivas que busquem evitar (ou minimizar) sua geração.

Figura 3.1 – Modelo industrial linear clássico

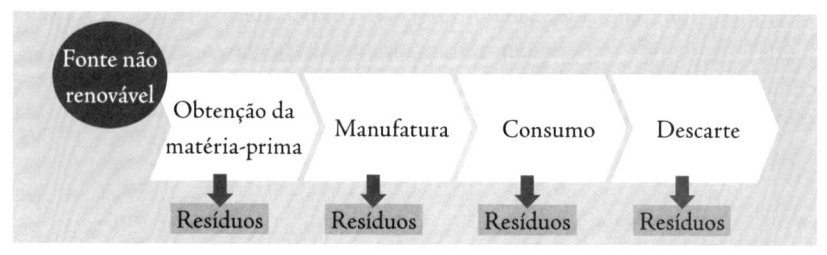

Fonte não renovável → Obtenção da matéria-prima → Manufatura → Consumo → Descarte
                            ↓   ↓   ↓   ↓
                         Resíduos   Resíduos   Resíduos   Resíduos

Fonte: Elaborado com base em Furtado; Silva; Margarito, 2001.

As abordagens "fim de tubo" estão sendo paulatinamente substituídas por tecnologias cujo foco está na redução (ou eliminação) dos resíduos e dos poluentes ao longo das diversas etapas do processo produtivo, e não apenas na "saída". Dessa forma, com o uso das tecnologias limpas, além de uma possível redução dos custos de produção, minimizam-se os riscos ambientais.

O modelo industrial não linear é mais eficiente sob o ponto de vista ambiental, pois respeita o "ciclo de vida do produto". A análise do ciclo de vida de um produto (Figura 3.2) é um processo sistemático para avaliar a carga ambiental associada a um produto, um processo ou uma atividade, por meio da identificação e da quantificação do consumo de energia, dos materiais utilizados e dos resíduos descartados ao ambiente e, consequentemente, serve para avaliar o impacto oriundo desse consumo de energia e materiais utilizados e posterior liberação ao meio ambiente, identificando e computando oportunidades de melhoria ambiental.

> O modelo industrial não linear é mais eficiente sob o ponto de vista ambiental, pois respeita o "ciclo de vida do produto".

Figura 3.2 – Modelo "circular" – considera o ciclo de vida de um produto ou serviço

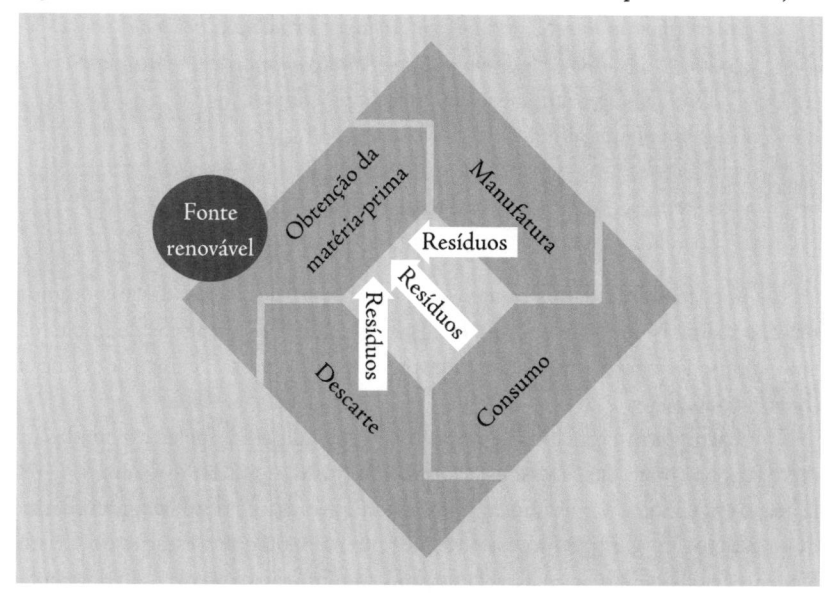

Fonte: Elaborado com base em Furtado; Silva; Margarito, 2001.

3.3 Impacto ambiental, Estudo de Impacto Ambiental (EIA) e Relatório de Impacto Ambiental (Rima)

As preocupações com os impactos das ações humanas sobre o meio ambiente datam do período da Revolução Industrial e têm sido alteradas de forma muito dinâmica. No entanto, a adoção de sistemáticas para a avaliação de impactos ambientais teve início somente na década de 1960. Nos EUA, por exemplo, esses procedimentos foram implantados em 1969. Porém, foi só a partir dos anos de 1980 que as tendências mundiais de conciliar as atividades empresariais com a conservação do meio ambiente se consolidaram e o estudo dos impactos ambientais assumiu caráter de obrigatoriedade. No Brasil, a Resolução nº 001, de 23 de janeiro de 1986, do Conselho Nacional do Meio Ambiente (Conama) estabeleceu a exigência de elaboração do Estudo de Impacto Ambiental (EIA) e respectivo Relatório de Impacto Ambiental (Rima) para o licenciamento de atividades modificadoras do meio ambiente, bem como definiu o impacto ambiental como:

> Art. 1º – [...] *qualquer alteração das propriedades físicas, químicas e biológicas do meio ambiente, causada por qualquer forma de matéria ou energia resultante das atividades humanas que, direta ou indiretamente, afetam:*
>
> I. *a saúde, a segurança e o bem-estar da população;*
> II. *as atividades sociais e econômicas;*
> III. *a biota*;*
> IV. *as condições estéticas e sanitárias do meio ambiente;*
> V. *a qualidade dos recursos ambientais.* (Brasil, 1986)

Os impactos ambientais podem ser positivos ou negativos, diretos ou indiretos, ocasionais ou permanentes, locais ou globais. São exemplos de impactos ambientais: desmatamentos, queimadas, erosões e as diversas formas de poluição (Berté, 2009, p. 125).

Um exemplo interessante de impacto ambiental gerado pelas atividades industriais, por meio das emissões gasosas, é a chuva ácida. Em 1976, em uma palestra, o engenheiro agrônomo, ambientalista e professor Alceo Magnanini, um dos criadores do Código Florestal de 1965, mencionou que a estátua do Cristo Redentor no Rio de Janeiro estaria sofrendo um processo de corrosão por conta da chuva ácida. Na ocasião, isso impressionou bastante. De fato, a imagem do Cristo, inaugurada em 1931, sofreu uma restauração na década de 1990. É sabido que outros monumentos históricos também estão sendo corroídos. A Acrópole,

---

* **Biota** – Parte que tem vida em um ecossistema (Dashefsky, 2003, p. 48).

em Atenas, o Coliseu, em Roma, e os Profetas de Aleijadinho, em Congonhas, são alguns exemplos da ação da chuva ácida sobre o patrimônio histórico da humanidade.

A chuva ácida tem sua origem na queima do carvão e dos combustíveis fósseis e nas atividades industriais que lançam dióxido de enxofre (SO_2) e dióxido de nitrogênio (NO_2) na atmosfera. Esses gases entram em combinação química com o hidrogênio sob a forma de vapor de água presente na atmosfera. O resultado são as chuvas ácidas: as águas da chuva, assim como a geada, a neve e a neblina, ficam carregadas de ácido sulfúrico e/ou ácido nítrico. Ao caírem nas superfícies, alteram a composição química do solo e das águas, atingem as cadeias alimentares, destroem florestas e lavouras e corroem estruturas metálicas, monumentos e edificações.

Figura 3.4 – A formação da chuva ácida

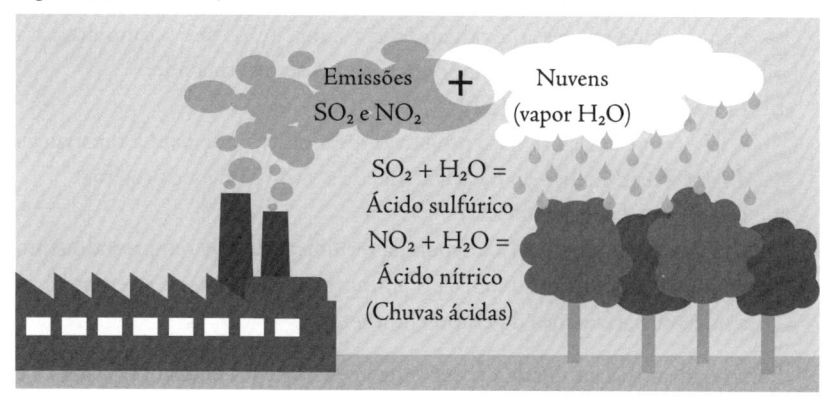

Emissões SO_2 e NO_2 + Nuvens (vapor H_2O)

$SO_2 + H_2O =$ Ácido sulfúrico
$NO_2 + H_2O =$ Ácido nítrico
(Chuvas ácidas)

A avaliação dos impactos ambientais é um instrumento de política ambiental formado por um conjunto de procedimentos capaz de assegurar que se faça, desde o início do processo, um exame sistemático dos impactos ambientais de uma proposta e de suas alternativas e que os resultados sejam apresentados de maneira adequada ao público e aos responsáveis pela tomada de decisão.

3.4 Licenciamento ambiental

O licenciamento ambiental é um dos instrumentos de gestão instituídos pela Política Nacional do Meio Ambiente (Lei nº 6.938/1981). Trata-se de procedimento administrativo pelo qual o órgão ambiental competente licencia a localização, a instalação, a ampliação e a operação de empreendimentos e atividades que utilizam recursos naturais e que podem causar degradação ambiental. A ausência de licenciamento ambiental pode ocasionar consequências de ordem pessoal (pena de detenção e/ou multa) e/ou sanções administrativas, de acordo com a Lei nº 9.605, de 12 de fevereiro de 1998 – conhecida por *Lei de Crimes Ambientais* (Brasil, 1998), bem como denúncia do empreendimento pelo Ministério Público da União*.

As licenças ambientais no Brasil são de três tipos: a Licença Prévia (LP), a Licença de Instalação (LI) e a Licença de Operação (LO). Essas licenças encontram-se detalhadas na Resolução do Conama nº 237, de 19 de dezembro de 1997 (Brasil, 1997). As licenças ambientais são fornecidas pelos órgãos estaduais do meio ambiente ou pelo Instituto Brasileiro do Meio Ambiente e dos Recursos Naturais Renováveis (Ibama), em caráter supletivo ou para aquelas atividades que, por lei, são de competência federal.

a. **Licença Prévia (LP)**
 A LP autoriza o empresário a desenvolver o projeto do empreendimento. Assim, qualquer planejamento realizado antes da LP pode ser alterado. Essa licença aprova a localização e a concepção, bem como atesta a viabilidade ambiental do empreendimento ou da atividade.
b. **Licença de Instalação (LI)**
 A LI é requerida ao se ter o projeto aprovado, servindo para a construção do empreendimento ou da atividade, de acordo com esse projeto.
c. **Licença de Operação (LO)**
 A LO é expedida após a LI e depois da verificação de que o empreendimento foi construído de acordo com o projeto aprovado. Ela autoriza o empresário a iniciar as atividades do empreendimento.

Para verificar se a atividade necessita de licenciamento ambiental, o micro e o pequeno empresário devem dirigir-se ao:

a. Órgão estadual de meio ambiente, que é responsável pela emissão de licenças ambientais para a instalação e a operação de empresas.
b. Ibama – nos casos de licenciamento federal.
c. Órgão municipal de meio ambiente. Secretaria Municipal do Meio Ambiente (SMMA).
d. Departamento Nacional de Produção Mineral (DNPM), para empreendimentos de extração mineral.

---

* *A Constituição Federal de 1988 veio confirmar a tendência de uma maior regulamentação ambiental do funcionamento das empresas. A partir daí, passou também a existir instrumento jurídico – a Ação Civil Pública – que possibilita a qualquer cidadão brasileiro interferir nos processos de degradação ambiental.*

Observação: No caso de empreendimentos que exijam desmatamento, é preciso obter uma autorização do Ibama e/ou do órgão estadual de florestas.

Os principais documentos empregados em Processos de Licenciamento Ambiental no Brasil são:

- EIA/Rima (Estudo de Impacto Ambiental/Relatório de Impacto Ambiental): São aplicados aos empreendimentos e às atividades impactantes citados no art. 2º da Resolução Conama nº 001/1986. O EIA, fundamentalmente, trata do estudo detalhado sobre os impactos ambientais associados a determinado tipo de empreendimento. Por ser de caráter profundamente técnico, o EIA presta-se a análises técnicas a serem elaboradas pelo órgão licenciador. Já o Rima, que é um resumo do EIA, deve ser elaborado de forma objetiva e adequada à compreensão por pessoas leigas. Cópias do Rima devem ser colocadas à disposição de entidades e comunidades interessadas.

- PCA/RCA (Plano de Controle Ambiental acompanhado do Relatório de Controle Ambiental): São exigidos para empreendimentos e/ou atividades que não têm grande capacidade de gerar impactos ambientais. Porém, a estruturação dos documentos possui escopo semelhante ao do EIA/Rima. Nesse caso, não são necessários grandes níveis de detalhamento.

- Prad – Plano de Recuperação de Área Degradada, instituído pelo Decreto Federal nº 97.632, de 10 de abril de 1989, sendo que este define em seu art. 1º que "Os empreendimentos que se destinam à exploração de recursos minerais deverão, quando da apresentação do Estudo de Impacto Ambiental – EIA e do Relatório de Impacto Ambiental – Rima, submeter à aprovação do órgão ambiental competente, plano de recuperação de área degradada" (Brasil, 1989).

Nem toda atividade empresarial necessita de licenciamento ambiental. Aquelas cujo potencial poluidor é mínimo não são objeto de licenciamento ambiental. Para saber se a atividade é potencialmente poluidora, a empresa deve dirigir-se ao órgão estadual de meio ambiente para se informar antes de iniciar o projeto e de solicitar financiamento.

Para avaliar o potencial poluidor de uma atividade, os órgãos ambientais baseiam-se em metodologia estabelecida pelo Instituto Brasileiro de Geografia e Estatística (IBGE), que leva em conta as características do processo e do tipo de utilização de matéria-prima, energia etc. O potencial poluidor das atividades pode ser alto, médio ou baixo.

Para permitir a regularização de empreendimentos que iniciaram obras ou entraram em operação antes da obtenção das respectivas licenças ambientais, o art. 79 da Lei de Crimes Ambientais (Lei n° 9.605/1998) estabelece o instrumento denominado *termo de compromisso*. Ao celebrar esse termo, o empreendedor beneficia-se da suspensão de eventual multa e recebe uma oportunidade de promover as necessárias correções em suas atividades, mediante o atendimento das exigências impostas pelas autoridades ambientais competentes.

capítulo 4

Gestão ambiental

A maneira pela qual a empresa ou o Estado se mobilizam, interna ou externamente, na conquista da qualidade ambiental pelo uso de práticas que garantam a conservação e a preservação da biodiversidade, a reciclagem das matérias-primas e a redução do impacto ambiental das atividades humanas sobre os recursos naturais é chamada *gestão ambiental*. Fazem parte do conjunto de conhecimentos associados à gestão ambiental as técnicas para a recuperação de áreas degradadas, as técnicas de reflorestamento, os métodos para a exploração sustentável de recursos naturais e o estudo de riscos e impactos ambientais para a avaliação de novos empreendimentos ou a ampliação de atividades produtivas.

O objetivo da gestão ambiental é conseguir que os efeitos ambientais não ultrapassem a capacidade de carga onde se localiza a organização e, também, ser um instrumento para se buscar o desenvolvimento sustentável (Dias, 2006, p. 89).

Neste capítulo, estudaremos a gestão ambiental, seu conceito e o processo que a consolida como uma das áreas em mais evidência no universo corporativo. Serão apresentadas as atividades administrativas e operacionais que se inter-relacionam, a fim de abordar os problemas ambientais atuais ou evitar o seu surgimento. Essas atividades são conhecidas como *sistemas de gestão ambiental* (SGA), com ênfase na família de normas ISO 14000.

4.1 Evolução, conceitos e definições

Gestão ambiental empresarial são as diferentes atividades administrativas e operacionais realizadas pela empresa para abordar problemas ambientais decorrentes da sua atuação ou para evitar que eles ocorram no futuro (Barbieri, 2007, p. 137).

Um longo processo teve de ser percorrido pelas empresas até que estas se conscientizassem da importância da gestão ambiental. A pressão exercida pelas ONGs, o aumento do número de consumidores preocupados com o meio ambiente e a intensificação dos processos de abertura comercial, nos quais a qualidade ambiental é um fator preponderante, certamente contribuíram para a consolidação dessas práticas.

Cronologicamente, poderíamos dizer que a evolução da gestão ambiental aconteceu da seguinte maneira:

- Antes dos anos de 1970: Reconhecimento de problemas ambientais.
- Década de 1970 (fase reativa): A empresa apenas responde à regulamentação dos órgãos de controle ambiental – evitar acidentes e controlar a poluição.
- Anos de 1980 (fase preventiva): Foco nos estudos de impacto ambiental, no controle da poluição do solo, na minimização de resíduos etc.
- Anos de 1990 (fase estratégica): Estruturação de ambiente + segurança + saúde, auditoria ambiental, avaliação do ciclo de vida do produto e sistema de gerenciamento ambiental.

Muitos autores preferem dividir a gestão ambiental em fases que correspondem ao amadurecimento da postura empresarial em relação às ações relacionadas ao meio ambiente.

> A tendência atual é que as empresas façam do seu desempenho ambiental um fator diferencial no mercado.

Como já discutido, podemos visualizar uma primeira fase como aquela em que organização apenas "reage" às demandas ambientais, sem modificar sua estrutura de produção, adotando apenas posturas corretivas do tipo "fim de tubo". Quase sempre a motivação dessa fase é adequar-se à regulamentação, a fim de evitar multas e sanções. A gestão do meio ambiente é vista como um custo, e as ações ambientais estão restritas às áreas causadoras da poluição.

A etapa preventiva já é um passo à frente, pois inclui modificar processos produtivos e novas metodologias para a escolha de matérias-primas e a prevenção da poluição. O uso eficiente dos insumos e a adoção de tecnologias limpas são a principal característica dessa etapa. Já é possível perceber, aqui, um maior envolvimento dos demais setores da empresa (*marketing*, produção, desenvolvimento) com a gestão ambiental.

Por fim, temos a etapa estratégica, que incorpora definitivamente a gestão ambiental às estratégias de negócio da organização. Toda a cadeia produtiva está agora comprometida com um bom gerenciamento ambiental. A empresa procura desenvolver estratégias para alcançar determinado objetivo organizacional (operacional, de negócio ou corporativo) que passam a levar em consideração as demandas socioambientais dos *stakeholders*.

A tendência atual é que as empresas façam do seu desempenho ambiental um fator diferencial no mercado, o que significa, em alguns casos, adotar requisitos internos até mais restritivos que os legalmente impostos no país. A implementação da gestão ambiental constitui uma estratégia para que o empresário, em processo contínuo, identifique oportunidades de melhorias que reduzam os impactos das atividades de sua empresa sobre o meio ambiente.

Figura 4.1 – As fases da gestão ambiental

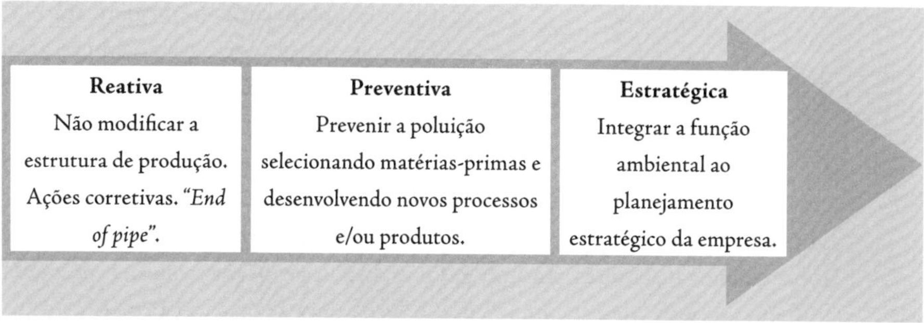

Reativa	Preventiva	Estratégica
Não modificar a estrutura de produção. Ações corretivas. "End of pipe".	Prevenir a poluição selecionando matérias-primas e desenvolvendo novos processos e/ou produtos.	Integrar a função ambiental ao planejamento estratégico da empresa.

Fonte: Elaborado com base em Barbieri, 2007, p. 119.

4.2 Sistemas de gestão ambiental

O gerenciamento ambiental implica, necessariamente, adoção de um sistema de gestão ambiental (SGA). Se um sistema é um conjunto de unidades organizadas de determinada maneira para alcançar um fim, utilizando um método, o SGA é um conjunto de atividades administrativas e operacionais inter-relacionadas para abordar os problemas ambientais atuais ou evitar o surgimento destes (Barbieri, 2007, p. 153).

As diretrizes e os princípios para uma boa gestão do meio ambiente foram estabelecidos por muitas organizações nacionais e internacionais, como a International Chamber of Commerce (ICC), o Business Council for Sustainable Development (BCSD), o British Standards Institution (BSI) e a International Organization for Standardization[*] (ISO).

---

[*] *É uma rede mundial de institutos de normalização que trabalham de forma integrada em 148 países. Tem status de organização não governamental e sua sede fica em Genebra, Suíça. Seu objetivo é promover o desenvolvimento de normas, testes e certificação com o intuito de encorajar o comércio de bens e serviços. Cada país-membro é representado por um organismo de normas, testes e certificação. Por exemplo: o American National Standards Institute (Ansi) é o representante dos Estados Unidos na ISO. A **Associação Brasileira de Normas Técnicas (ABNT)** é o órgão responsável pela normalização técnica no Brasil, fornecendo a base necessária ao desenvolvimento tecnológico brasileiro. Trata-se de uma entidade privada, sem fins lucrativos e de utilidade pública, fundada em 1940.*

A International Chamber of Commerce (ICC) foi a organização que mais se destacou na formatação dos princípios que norteariam um sistema de gestão ambiental. Segundo a organização, o SGA é uma estrutura ou um método para alcançar um desempenho sustentável e que deve se constituir em planejamento, organização, direção e controle, integrados à gestão empresarial global, mediante uma política ambiental formulada pela própria empresa e coerente com a política ambiental global.

> O SGA deve se orientar por ciclos de retroalimentação estabelecidos com base em mensurações, diagnósticos e auditorias.

A **política ambiental** deve ser formulada em documentos, referir-se a propostas positivas que orientem as decisões sempre no sentido de melhorar o desempenho ambiental da empresa e acatar todas as disposições legais a que estiver sujeita.

Como filosofia de funcionamento, o SGA deve se orientar por ciclos de retroalimentação estabelecidos com base em mensurações, diagnósticos e auditorias. Em outras palavras, é uma proposta de melhoria contínua.

Inspirados por essas diretrizes, diversos modelos de SGA surgiram a partir da década de 1980. A título de ilustração, é apresentado no Quadro 4.1 um resumo dos principais sistemas, bem como suas origens e suas características.

Quadro 4.1 – Principais sistemas de gestão ambiental

Sistema	Ano	Origem	Característica
Responsible Care Program	1984	Canadá	Melhorar a saúde, a segurança e a qualidade ambiental. Indústrias químicas.
Modelo Winter	1989	Alemanha	Vinte módulos integrados visando à implantação de um SGA.
Ceres	1989	EUA	Dez princípios diretivos para a proteção do planeta e a ação ambiental responsável.
Step	1990	EUA	Guia para a indústria de petróleo norte-americana melhorar a sua *performance* ambiental, a sua segurança e a sua saúde.
Emas	1993	União Europeia	Define critérios para certificações ambientais de processos industriais.
BS 7750	1994	Reino Unido	Especificação para o desenvolvimento, a implementação e a manutenção de um SGA.

Fonte: Elaborado com base em Neto; Campos; Shigunov, 2009, p. 164-165.

Os diversos SGA apresentados no Quadro 4.1 representaram um avanço para as organizações; entretanto, a profusão de normas ambientais e a pressão internacional para uma unificação fizeram com que a ISO trabalhasse no sentido de criar uma norma internacional para o gerenciamento ambiental. Em 1993, foi formado o TC-207 (*Technical Committee*) para desenvolver uma família de normas na área de SGA: a série **ISO 14000**.

4.3 Sistema de gestão ambiental conforme a série ISO 14000

A série ISO 14000 é um conjunto de normas que buscam a boa prática de gerenciamento ambiental, este entendido como um processo gradual e contínuo de melhorias ambientais. Esse gerenciamento é aceito internacionalmente e tem caráter voluntário, não havendo instrumentos legais que obriguem sua adoção pelas empresas.

A ISO 14000 pode ser adotada pela empresa como um todo ou em uma de suas unidades, como vem ocorrendo em grandes corporações. A finalidade é prevenir – por meio de um SGA – os eventuais danos ambientais provocados pelos processos produtivos e pelos produtos colocados no mercado de consumo.

Um dos estímulos para empresas buscarem essa certificação está na pressão internacional por produtos ecologicamente corretos. Como as questões ambientais transcendem as fronteiras geográficas e influenciam as relações de comércio internacional, as empresas interessadas em corresponder aos novos padrões globais de comércio foram as primeiras a reconhecer a existência de um consumidor mais consciente e de uma nova realidade de proteção ambiental. Para tanto, começaram a se estruturar, visando reduzir as pressões ambientais negativas de seus produtos e de seus processos. A série ISO 14000 é um dos instrumentos que responde a essa demanda. Em linhas gerais, ela se organiza da seguinte forma:

Quadro 4.2 – A série ISO 14000

ISO 14001:2004	Sistema de Gestão Ambiental (SGA) – Especificações para implantação e guia.
ISO 14004:2004	Sistema de Gestão Ambiental (SGA) – Diretrizes gerais.
ISO 19011:2002	Diretrizes para auditorias de sistema de gestão da qualidade e/ou ambiental.
ISO 14020:2002	Rótulos e declarações ambientais. Princípios gerais.
ISO 14021:2004	Rótulos e declarações ambientais (autodeclarações, rotulagem tipo II). "Biodegradável", "reciclado", "reciclável".
ISO 14024:2004	Rótulos e declarações ambientais (princípios e procedimentos, rotulagem tipo I). Programas "selo verde". Procedimentos de certificação para a concessão do rótulo.

(*continua*)

(Quadro 4.2 – conclusão)

ISO 14025:2006	Rótulos e declarações ambientais (autodeclarações, rotulagem tipo III). Informações quantitativas. "Ciclo de vida do produto".
ISO 14031	Avaliação da *performance* ambiental. Diretrizes.
ISO 14040	Análise do ciclo de vida. Princípios gerais.
ISO 14044	Análise do ciclo de vida. Inventário. Análise do ciclo de vida. Análise dos impactos. Análise do ciclo de vida. Migração dos impactos.

Fonte: Elaborado com base em ISO, 2009; Dias, 2006, p. 92; Valle, 2002, p. 145-151.

O SGA, conforme a série ISO 14000, fundamenta-se na adoção de ações preventivas à ocorrência de impactos adversos ao meio ambiente. Trata-se de assumir uma postura proativa com relação às questões ambientais.

Os cinco princípios do SGA são:

1. Conhecer o que deve ser feito, definindo sua política de meio ambiente.
2. Elaborar o plano de ação para atender aos requisitos de sua política ambiental.
3. Assegurar condições para o cumprimento dos objetivos e das metas ambientais e implementar as ferramentas de sustentação necessárias.
4. Realizar avaliações qualitativas e quantitativas periódicas do desempenho ambiental da empresa.
5. Revisar e aperfeiçoar a política do meio ambiente, os objetivos e as metas ambientais e as ações implementadas para assegurar a melhoria contínua do desempenho ambiental da empresa.

O modelo de implantação do SGA numa empresa segue o princípio do PDCA (*Plan* – planejar, *Do* – executar, *Check* – verificar e *Act* – agir) porque, após a série de etapas relacionadas, a retroalimentação do sistema faz com que cada ciclo se desenvolva em um plano superior de qualidade. O objetivo do SGA é assegurar a melhoria contínua do desempenho ambiental da organização.

Figura 4.2 – O ciclo PDCA

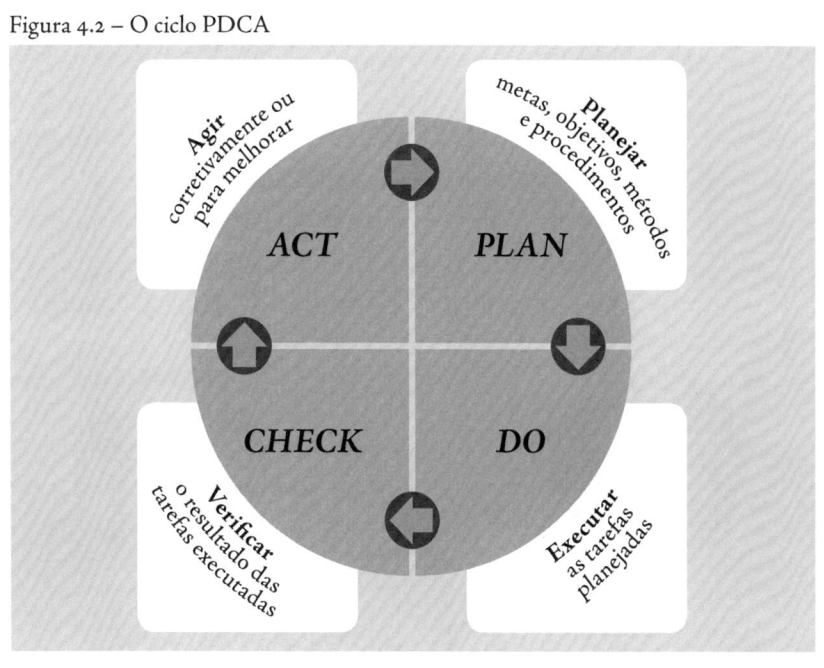

ACT — Agir corretivamente ou para melhorar
PLAN — Planejar metas, objetivos, métodos e procedimentos
DO — Executar as tarefas planejadas
CHECK — Verificar o resultado das tarefas executadas

Fonte: Elaborado com base em Campos, 2004, p. 184.

De acordo com a NBR ISO 14001 (ABNT, 2004), a implantação do SGA deve cumprir cinco etapas sucessivas:

1. Estabelecimento da política ambiental.
2. Planejamento.
3. Implementação e operacionalização.
4. Verificação.
5. Análise crítica pela administração.

Antes de serem iniciadas essas fases, recomenda-se fazer uma análise global da relação da empresa com a natureza, por meio de uma avaliação das atividades produtivas, bem como saber qual a legislação pertinente ao setor de atuação. Essa fase irá auxiliar o planejamento do sistema a ser implantado pela empresa. As fases de implantação do SGA estão descritas resumidamente no Quadro 4.3. Cabe lembrar que não é um processo fixo, e sim aderente à filosofia da melhoria contínua por meio do ciclo PDCA. A Figura 4.3 é uma esquematização do processo, cujo detalhamento está no Quadro 4.3.

Figura 4.3 – Fases do SGA

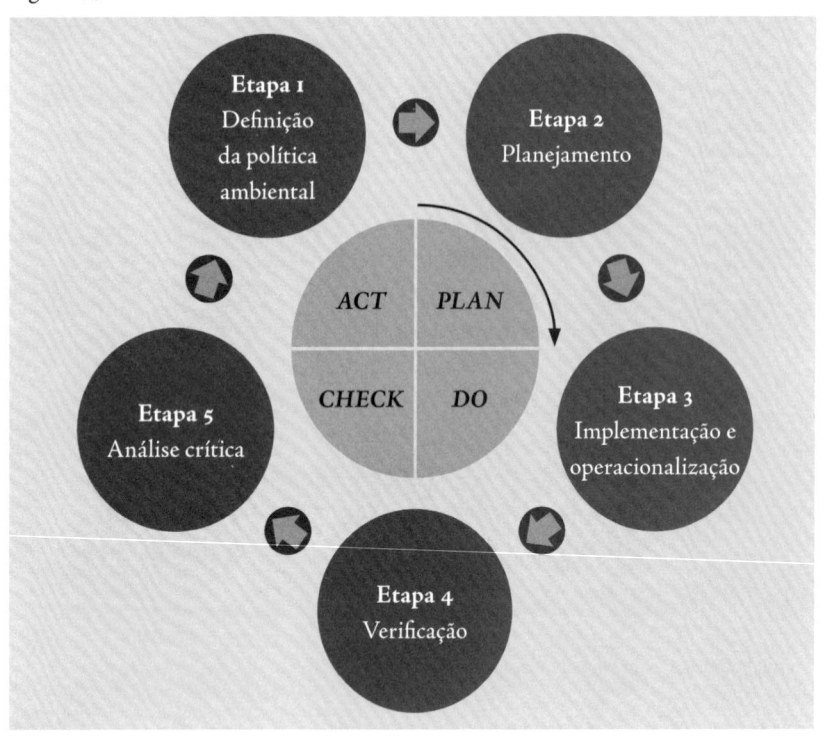

Etapa 1
Definição da política ambiental

Etapa 2
Planejamento

Etapa 3
Implementação e operacionalização

Etapa 4
Verificação

Etapa 5
Análise crítica

ACT | PLAN
CHECK | DO

Fonte: Elaborado com base em ABNT, 2004.

Quadro 4.3 – Detalhamento das fases do SGA

Etapa	Ações recomendadas
1. Política ambiental	• Redigir uma política ambiental da organização que seja aderente à sua missão e que conte com o comprometimento da alta administração. • Designar um representante da alta administração para liderar os trabalhos.
2. Planejamento	• Realização do levantamento ambiental inicial da empresa: identificação dos aspectos ambientais e avaliação dos impactos ambientais associados. • Fazer uma avaliação de conformidade de toda a legislação ambiental pertinente. • Levantar exigências ambientais de clientes. • Estabelecer critérios internos de desempenho. • Determinar objetivos e metas ambientais. • Fazer um plano de implementação, por escrito, considerando: o que, onde, quando, como, responsável, recursos humanos e financeiros necessários.
3. Implementação e operacionalização	• Capacitação de recursos humanos. • Definição de responsabilidades (técnica e pessoal). • Conscientização ambiental e motivação. • Estabelecer meios para a documentação do SGA. • Documentação (procedimentos, instruções de trabalho e elaboração do manual de gestão ambiental). • Definir mecanismos de controle operacional.
4. Verificação	• Medição e monitoramento. • Auditorias ambientais internas. • Registros das inconformidades no SGA.
5. Análise crítica pela administração	• Fazer avaliação ou reavaliação de desempenho ambiental. • Preparar plano e/ou procedimentos específicos para a melhoria contínua.

Fonte: Elaborado com base em Valle, 2002.

4.4 Certificação e acreditação

Uma vez cumpridas as etapas anteriores, é possível pensarmos na certificação, que é a submissão do SGA da empresa a uma auditoria externa. O processo de certificação começa pelo comprometimento da direção da organização e pela contratação de uma empresa certificadora credenciada, que ajudará a empresa candidata à certificação na elaboração do diagnóstico ambiental de todos os seus setores. Em seguida, define-se a política de meio ambiente da empresa elaborando o seu plano de ação.

O pré-requisito para receber a certificação é estar em conformidade com a legislação ambiental do país. Depois, estabelecem-se metas e objetivos de melhorias ambientais graduais para todos os setores da empresa. Periodicamente, serão realizadas avaliações qualitativas e quantitativas do desempenho ambiental, revisando-se a política ambiental, de modo a assegurar a melhoria contínua do desempenho da empresa nessa área.

Em resumo, para alcançar a certificação ambiental, uma empresa deve cumprir três exigências básicas:

1. Ter implantado um SGA.
2. Cumprir a legislação ambiental aplicável ao local de instalação da empresa.
3. Assumir um compromisso com a melhoria contínua de seu desempenho ambiental.

Os órgãos certificadores são organizações que têm o objetivo de auditar, recomendar o certificado e realizar auditorias de manutenção nas empresas interessadas. O certificado é o documento que corporifica a certificação – normalmente sua validade é de 3 anos – e as auditorias de manutenção são realizadas em intervalos de 6 meses a 1 ano (Berté, 2009, p. 179).

> O pré-requisito para receber a certificação é estar em conformidade com a legislação ambiental do país.

A certificação de produtos ou serviços e de sistemas de gestão de pessoas é realizada por uma organização independente **acreditada** para executar essa modalidade de avaliação da conformidade. Já a **acreditação** é uma ferramenta estabelecida em escala internacional para gerar confiança na atuação de organizações que executam atividades de avaliação da conformidade (Inmetro, 2012a, 2012b).

A acreditação é de caráter voluntário e representa o reconhecimento formal da competência de um laboratório ou organismo para desenvolver as tarefas de avaliação da conformidade, segundo requisitos estabelecidos. Os órgãos certificadores são auditados pelo órgão acreditador de seu país de origem. Cada país possui um órgão acreditador que é auditado e aprovado pela ISO. No Brasil, um organismo de certificação credenciado (OCC) é uma organização habilitada pelo Instituto Nacional de Metrologia, Qualidade e Tecnologia (Inmetro), que conduz as certificações compulsórias ou voluntárias. Todos os OCCs devem passar por um processo de credenciamento, segundo os critérios estabelecidos pelo Comitê Brasileiro de Certificação (CBC), para poderem emitir certificados de conformidade válidos no Brasil (Inmetro, 2012b).

Cada país possui um órgão acreditador que é auditado e aprovado pela ISO.

No Quadro 4.4, são apresentados alguns dos principais OCCs atuantes no Brasil.

Quadro 4.4 – Organismos de certificação credenciados

ABNT –Associação Brasileira de Normas Técnicas	RJ
ABS – Quality Evaluations Inc.	SP
BRTÜV Avaliações da Qualidade S.A.	SP
BSI Brasil Sistema de Gestão Ltda.	SP
BVQI do Brasil Sociedade Certificadora Ltda.	SP
DNV – Det Norske Veritas Ltda.	SP
DQS do Brasil Ltda.	SP
Fcav – Fundação Carlos Alberto Vanzolini	SP
GL – Germanischer Lloyd Industrial Service do Brasil Ltda.	SP
ICQ Brasil – Instituto de Certificação Qualidade Brasil	GO
IFBQ – Instituto Falcão Bauer da Qualidade	SP
IQA – Instituto da Qualidade Automotiva	SP
Lloyd's Register do Brasil Ltda.	RJ
SGS ICS Certificadora Ltda.	SP
Tecpar – Instituto de Tecnologia do Paraná	PR
TÜV Rheinland do Brasil Ltda.	SP

Fonte: Inmetro, 2012c.

4.5 Rotulagem ambiental

De acordo com a ABNT (2012a), **rotulagem ambiental** é a "certificação de produtos/serviços com qualidade ambiental que atesta, através de uma marca colocada no produto ou na embalagem, que determinado produto/serviço apresenta menor impacto ambiental em relação a outros produtos 'comparáveis' disponíveis no mercado".

A rotulagem ambiental constitui, dessa forma, um **serviço prestado ao consumidor** de informação sobre a *performance* ambiental do produto e dos processos utilizados na sua fabricação. Assim, ajuda a orientar a escolha dos consumidores ao incluir dados sobre o desempenho ambiental ao lado de itens como preço, riscos à saúde, qualidade e quantidade.

A ISO 14000 insere-se nesse contexto estabelecendo regras para as empresas certificadas divulgarem a rotulagem em todos os seus produtos. Os principais objetivos da rotulagem ambiental são:

- Aumentar a consciência dos consumidores, dos produtores, dos distribuidores e dos demais envolvidos a respeito dos propósitos de um programa de rotulagem.
- Incrementar a consciência e o conhecimento a respeito dos aspectos ambientais dos produtos que recebem o rótulo.
- Influenciar positivamente os consumidores na escolha dos produtos que causem menos impacto ao meio ambiente.
- Influenciar os produtores a substituírem processos e produtos danosos ao meio ambiente.

Os rótulos devem ser classificados em dois grandes grupos: (1) os de **primeira parte** são aqueles que partem da iniciativa dos fabricantes e são rotulados por estes por meio de programas implementados; e (2) os de **terceira parte**, que são aqueles rotulados por organismos independentes do fabricante.

Os rótulos de primeira parte são as autodeclarações ambientais e evidenciam determinados atributos dos produtos, como biodegradável, reciclável, retornável, não agride a camada de ozônio etc. São polêmicos, pois, por partirem do fabricante, carregam interesses comerciais e podem trazer informações imprecisas ou incorretas.

Figura 4.4 – Rótulos de primeira parte (autodeclarações)

Fonte: Oficina da Embalagem, 2012.

Os de terceira parte – aqueles que pertencem a um programa de rotulagem levados a cabo por órgãos independentes do fabricante – podem ser **voluntários**, quando o fabricante busca a rotulagem, ou **mandatários**, quando o fabricante é obrigado a prestar informações.

Os rótulos mandatários de caráter obrigatório subdividem-se em **informativos** e **de alerta** ou **aviso de risco**. Apresentam informações técnicas como consumo de energia em eletrodomésticos, consumo de combustível em veículos automotores etc. No caso de alertas ou avisos de riscos, os rótulos informam os danos causados ao ambiente ou à saúde. Por exemplo: os rótulos de defensivos agrícolas cuja estampa é uma caveira e os rótulos que indicam presença de inseticidas, fungicidas ou substâncias nocivas à camada de ozônio.

Figura 4.5 – Exemplos de rótulos mandatários

Fonte: Dnit, 2012.

Já os rótulos voluntários são aplicados, com critérios bem definidos, a produtos, famílias de produtos e processos. Para Dias (2006), eles são emitidos por entidades, organizações comerciais ou não governamentais reconhecendo que o produto cumpriu determinado padrão ambiental previamente estabelecido. Os melhores exemplos são os rótulos ecológicos, ou selos verdes, que identificam que os produtos são menos agressivos ao meio ambiente do que os seus similares. A adesão aos selos verdes é voluntária. Podemos citar como principais rótulos o Blue Angel, o Green Seal, o Ecolabel e o de Qualidade Ambiental ABNT.

O Blue Angel (ou *Blaue Engel*) é talvez o melhor exemplo de rótulo ambiental. Trata-se de uma iniciativa governamental e é propriedade do Ministério do Meio Ambiente, Conservação da Natureza e Segurança Nuclear da República Federal Alemã. Foi criado em 1977, sendo considerado o programa de rotulagem mais antigo. Atua principalmente na certificação das seguintes categorias: tintas de baixa toxicidade, produtos elaborados com materiais reciclados, pilhas e baterias, produtos que não contém clorofluorcarbono (CFC) e produtos químicos de limpeza doméstica.

Quadro 4.5 – Principais selos verdes mundiais

País	Selo	Início
Comunidade europeia	Ecolabel	1992
Suécia	Nordic Swan	1986
Canadá	Ecological Choice	1988
Alemanha	Blue Angel	1977
EUA	Green Seal	1990
Japão	Eco-Mark	1989
França	NF Environment	1989
Brasil	Rótulo Ecológico ABNT	1993

Fonte: Adaptado de Dias, 2006, p. 60.

Como têm caráter positivo, ou seja, representam premiação, os rótulos tornam-se instrumentos de *marketing* das empresas, que se esmeram em estampá-los em seus produtos.

Figura 4.6 – Alguns selos verdes

Fonte: Ecolabel Index, 2012.

capítulo 5

Responsabilidade social

Como apresentado no Capítulo 2, a responsabilidade social, também conhecida como *responsabilidade social corporativa* (RSC), é um dos três componentes do "tripé da sustentabilidade", correspondendo ao elemento *people* do *Triple Bottom Line**.

O tema **responsabilidade social** tem aparecido frequentemente na mídia e, também, no interior das empresas, nas quais, a cada dia, vem ocupando local de destaque no rol de ações dos empresários e até mesmo de seus funcionários. Nos países mais desenvolvidos e, mais recentemente, no Brasil, cresce, em vigor e atualidade, a discussão sobre o papel das empresas como agentes sociais no processo de um desenvolvimento econômico sustentável.

A responsabilidade social é um compromisso ético que as empresas assumem diante da sociedade, compromisso que se materializa em ações que causam impactos positivos no ambiente e que promovem a melhoria na qualidade de vida e no bem-estar social. Por meio dessas práticas, as organizações contribuem para o desenvolvimento sustentável da sociedade.

Neste capítulo, apresentamos alguns fundamentos daquilo que se entende por *responsabilidade social*, procurando compreender sua filosofia, sua evolução e sua aplicabilidade, com o objetivo de despertar em você, leitor, o interesse pelo aprofundamento no tema.

> A responsabilidade social é um compromisso ético que as empresas assumem diante da sociedade.

5.1 *A evolução da responsabilidade social no mundo*

A perspectiva de uma responsabilidade corporativa, consolidada no Capítulo 30 do texto da Agenda 21, não é recente. Há, inclusive, registros de manifestações em prol desse tipo de comportamento já no final do

---

* Ver nossa obra Ética empresarial na prática: liderança, gestão e responsabilidade corporativa *(Alencastro, 2010), publicado pela Editora Ibpex. Alguns conceitos apresentados neste capítulo reproduzem e ampliam temas já apresentados no referido trabalho.*

século XIX e início do século XX. Remonta ao ano de 1899 a primeira abordagem referente à responsabilidade social das grandes empresas, quando o empresário A. Carnigie, fundador do conglomerado U.S. Stell Corporation, aderiu a esse tipo de iniciativa por meio do princípio da caridade e da custódia. Atreladas ao princípio da caridade (filantropia), as ações consistiam em obrigações dos mais abastados no sentido de contribuir financeiramente com os menos favorecidos da sociedade, como idosos, desempregados e inválidos. De acordo com Stoner (citado por Karkotli; Aragão, 2004, p. 49), as empresas, via de regra, reduto dos mais ricos e abastados, multiplicariam a riqueza da sociedade (princípio da custódia).

No entanto, foi somente a partir dos anos de 1960, nos EUA, e no início da década de 1970, na Europa, que o movimento da responsabilidade social começou a ganhar força (Torres, 2003).

Nos EUA, durante a guerra do Vietnã*, a sociedade repudiou a utilização de armamentos produzidos por empresas norte-americanas, os quais eram prejudiciais ao meio ambiente e ao ser humano. Na ocasião, denúncias contra as práticas de determinadas empresas envolvidas e interessadas na continuidade do conflito, tamanho o lucro que estavam obtendo com a venda de armas químicas utilizadas na guerra, despertaram a vigilância da sociedade em relação a essas empresas (Torres, 2003; Karkotli; Aragão, 2004, p. 50).

Nessa época, assistimos também ao fortalecimento do movimento sindicalista e estudantil da Europa. Cabe lembrar que os anos de 1960 e de 1970 foram de grande efervescência cultural e social no mundo. Esses anos viram nascer uma ampla "contracultura", que, entre outras coisas, questionou de forma incisiva os valores da então sociedade industrial capitalista, exigindo intensas transformações políticas, culturais e comportamentais. A sociedade, mais especificamente os movimentos sociais emergentes na época (ambientalistas, organizações voltadas para os direitos humanos etc.), deu início a um grande movimento de denúncias e boicotes às empresas que estavam envolvidas – mesmo que indiretamente – com a guerra. Esses boicotes e essas denúncias foram determinantes para o início de uma mudança na prática e na cultura empresarial nos EUA e em outros países do planeta (Torres, 2003).

A sociedade passou a exercer uma cobrança maior sobre as atividades das empresas e a exigir limites para o que produziam e vendiam, o que contribuiu

---

* **Guerra do Vietnã** – *Conflito ocorrido entre 1959 e 1975 e que contou com a intervenção direta dos EUA e da URSS. Os soldados norte-americanos, apesar de todo o aparato tecnológico, tiveram dificuldades em enfrentar os soldados vietcongues (apoiados pelos soviéticos) nas florestas tropicais do Vietnã. Milhares de pessoas, entre civis e militares, morreram nos combates. Os EUA saíram derrotados e tiveram de abandonar o território vietnamita.*

para o fortalecimento de um novo paradigma organizacional pós-guerra aderente à responsabilidade social. Com isso, uma nova concepção de responsabilidade social emergiu e pautou-se no reflexo dos objetivos e dos valores sociais. Houve o entendimento de que as companhias estão inseridas em ambiente complexo, em que suas atividades influenciam ou têm impacto sobre diversos agentes sociais, comunidade e sociedade (Tenório, 2006, p. 20).

A entrada das empresas no universo das ações de responsabilidade social foi também provocada pela crise do "Welfare State"*, que se deu na metade da década de 1970. A crise econômica e o crescimento do desemprego que atingiram a Europa na década de 1980 também contribuíram para que as empresas privadas começassem a ser valorizadas pela sua capacidade de proteger os níveis de emprego numa sociedade em crise (Torres, 2003).

No Brasil, embora já na "Carta de Princípios do Dirigente Cristão"**, datada de 1965, a expressão *responsabilidade social* tenha sido utilizada, esse conceito só ganhou força no final da década de 1980, consolidando-se no período de 1990--2003. Vários fatores influenciaram esse fortalecimento, entre eles a reorganização do capital, o fortalecimento dos movimentos sociais e a própria dificuldade do Estado em dar conta do seu papel social. A campanha contra a fome e a miséria, a fundação do Instituto Brasileiro de Análises Sociais e Econômicas

---

*   **Welfare State** (*Estado de bem-estar social*), *também conhecido como* Estado-Providência, *é uma "mobilização em larga escala do aparelho de Estado em uma sociedade capitalista, a fim de executar medidas orientadas diretamente ao bem-estar de sua população"* (Medeiros, 2001, p. 6). *Pelos princípios do Estado de bem-estar social, todo o indivíduo teria o direito, desde seu nascimento até sua morte, a um conjunto de bens e serviços que deveriam ter seu fornecimento garantido, seja diretamente por meio do Estado, seja indiretamente, mediante seu poder de regulamentação sobre a sociedade civil. Esses direitos incluiriam educação em todos os níveis, assistência médica gratuita, auxílio ao desempregado, garantia de uma renda mínima, recursos adicionais para a criação dos filhos etc. Os Estados de bem-estar social desenvolveram-se principalmente na Europa, onde seus princípios foram defendidos pela social-democracia, tendo sido implementados com maior intensidade nos estados escandinavos, tais como Suécia, Dinamarca, Noruega e Finlândia* (Gardels, 2006).

** *O teor da carta pode ser encontrado no site:* <http://www.adcesp.org.br/CartadePrincípios.pdf>.

(Ibase), iniciativas do sociólogo Herbert de Souza (Betinho)*, e a criação do Instituto Ethos de Empresas e Responsabilidade Social em 1998 por um grupo de empresários e executivos provenientes da iniciativa privada foram grandes impulsionadores da responsabilidade social no Brasil.

O Instituto Ethos de Empresas e Responsabilidade Social (2012c), por exemplo, que tem como missão "mobilizar, sensibilizar e ajudar as empresas a gerir seus negócios de forma socialmente responsável, tornando-as parceiras na construção de uma sociedade sustentável e justa", tem conseguido conscientizar e mobilizar de forma notável a classe empresarial brasileira no sentido de uma maior responsabilidade na condução de seus negócios.

5.2 A teoria da responsabilidade social

Os pressupostos teóricos da responsabilidade social vêm sendo refutados ou apoiados por diversos autores. Os fundamentalistas (escola da economia clássica), por exemplo, defendem a ideia de que as empresas devem somente realizar atividades que visam ao lucro dos acionistas e que qualquer desvirtuamento dessa finalidade acabaria gerando impacto sobre os consumidores e, consequentemente, sobre a sociedade (Karkotli; Aragão, 2004, p. 51).

Nesse caso, a única obrigação da empresa é gerar lucro para seus acionistas dentro dos limites legais. O maior defensor do ponto de vista clássico foi o ganhador do Prêmio Nobel de Economia, o economista Milton Friedman (citado por Montana; Charnov, 1998, p. 32-35), para quem a responsabilidade primária de uma empresa consiste em dirigir os negócios com a finalidade de proteger os interesses dos acionistas, ou seja, obter um rendimento financeiro. Na visão clássica, a responsabilidade de uma empresa consiste em compromisso com acionistas (lucro), trabalhadores (salário), governo (impostos) e comunidade (ações filantrópicas pontuais).

Qualquer ação diferente dessas seria uma violação das obrigações morais, legais e institucionais da empresa, pois já existem outras entidades da sociedade (governo, igrejas, sindicatos e organizações sem fins lucrativos) que estão habilitadas para

---

* *Herbert José de Souza, o "Betinho", nasceu em 3 de novembro de 1935, em Minas Gerais. Sociólogo inspirador da Campanha contra a Fome, a Miséria e pela Vida, nos anos de 1980, fundou o Instituto Brasileiro de Análises Sociais e Econômicas (Ibase), atualmente uma das maiores e mais importantes ONGs do Brasil. Entre junho de 1993 e junho de 1994, o Brasil viveu um dos momentos mais solidários da sua história. O trabalho em favor dos pobres rendeu-lhe uma pré-indicação ao Prêmio Nobel da Paz, de 1993. Betinho era hemofílico e soropositivo e morreu aos 60 anos, no dia 9 de agosto de 1997, vítima de uma hepatite B crônica.*

exercer essas atividades. Gestores de grandes corporações não teriam as competências técnicas, tempo ou mandato para tais atividades, que poderiam, entre outros inconvenientes, comprometer o lucro dos acionistas (Ashley; Cardoso, 2002, p. 21). Em contrapartida, existe a posição segundo a qual a responsabilidade da administração vai além da simples obtenção de ganhos, incluindo a proteção e o melhoramento do bem-estar social. Nessa perspectiva, para o respeitado economista Paul Samuelson, "a Responsabilidade Social Empresarial é a capacidade desenvolvida pelas organizações de ouvir, compreender e satisfazer expectativas/interesses legítimos de seus diversos públicos" (citado por Guimarães, 1984, p. 216).

Para o Conselho Empresarial Mundial para o Desenvolvimento Sustentável (World Business Council for Sustainable Development – WBCSD), a responsabilidade social é

> *toda e qualquer ação que possa contribuir para a melhoria da qualidade de vida na sociedade, ou seja, o compromisso que a empresa tem para com um desenvolvimento econômico sustentável, trabalhando, entre outras ações, para o bem-estar e melhoramento da qualidade de vida dos empregados, suas famílias e da comunidade local em geral.** (WBCSD, 2000b, p. 3, tradução nossa)

Numa perspectiva semelhante, o Instituto Ethos de Empresas e Responsabilidade Social (2012a) aponta *responsabilidade social empresarial* como uma

> *forma de gestão que se define pela relação ética e transparente da empresa com todos os públicos com os quais ela se relaciona e pelo estabelecimento de metas empresariais que impulsionem o desenvolvimento sustentável da sociedade, preservando recursos ambientais e culturais para as gerações futuras, respeitando a diversidade e promovendo a redução das desigualdades sociais.*

Ambas as definições para responsabilidade social contemplam a necessidade de um bom relacionamento com seus *stakeholders*. Introduzido, ainda na década de 1970, na literatura de negócios pelo Instituto de Pesquisas de Stanford (dos EUA), *stakeholder* é o termo que usamos para definir o grupo de indivíduos que pode afetar, ou ser afetado, por uma organização ao realizar seus objetivos. Os *stakeholders* são todos os afetados e que têm direitos e expectativas legítimos em relação às atividades da organização, o que inclui os empregados, os consumidores e os fornecedores, assim como a comunidade envolvida e a sociedade em seu conjunto, representados pelo Estado ou pela própria humanidade.

---

* *"Corporate Social Responsibility is the continuing commitment by business to contribute to economic development while improving the quality of life of the workforce and their families as well as of the community and society at large."* (WBCSD, 2000b, p. 3)

É um conceito que amplia o campo das funções da empresa e, por outro lado, expande o papel desses *stakeholders*, considerando-os como parte da comunidade inerente ao contexto organizacional, sendo capazes, inclusive, de influenciar na adoção de posturas moralmente mais corretas na condução de seus negócios. A Figura 5.1 apresenta uma organização e todos os agentes que fazem parte do seu raio de ação e que se envolvem, direta ou indiretamente, com as consequências das decisões da empresa.

> **Stakeholder** é o termo que usamos para definir o grupo de indivíduos que pode afetar, ou ser afetado, por uma organização ao realizar seus objetivos.

Figura 5.1 – A organização e alguns dos seus *stakeholders*

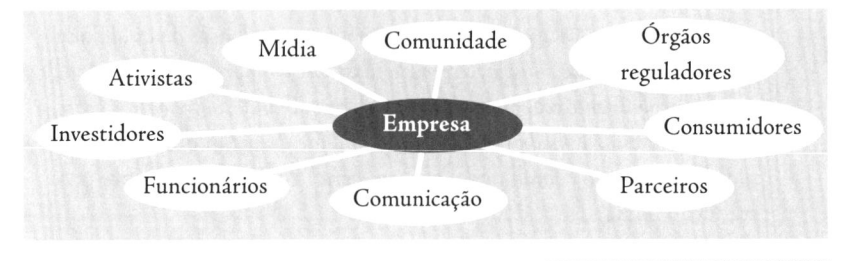

```
          Mídia    Comunidade          Órgãos
 Ativistas                            reguladores
Investidores        Empresa            Consumidores
 Funcionários                          Parceiros
                  Comunicação
```

Fonte: Elaborado com base em Roa, 1999, p. 68.

A respeito desse aspecto, é interessante notarmos o modelo conceitual proposto por Archie Carroll (1991, p. 42), que aborda a responsabilidade social tanto pela ótica do desempenho empresarial quanto pelo comportamento empresarial responsável. É um modelo que contempla a responsabilidade econômica da empresa em ser produtiva e rentável – sem a qual ela não sobrevive – com seu envolvimento social, tal como apresentado esquematicamente na Figura 5.2.

Figura 5.2 – A pirâmide de Carroll

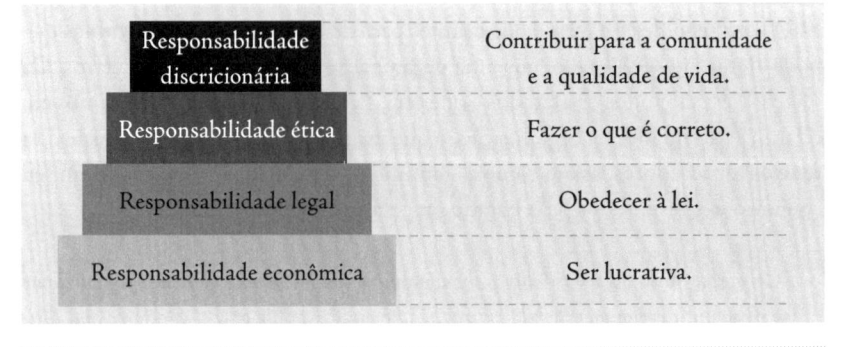

Responsabilidade discricionária	Contribuir para a comunidade e a qualidade de vida.
Responsabilidade ética	Fazer o que é correto.
Responsabilidade legal	Obedecer à lei.
Responsabilidade econômica	Ser lucrativa.

Fonte: Elaborado com base em Carroll, 1991, p. 42.

Pela análise da figura, constatamos que a dimensão econômica é a base da pirâmide. Não é novidade, pois é do conhecimento de todos que a atividade econômica é indispensável na geração de empregos, investimentos e pagamentos de taxas e impostos. Isso significa que essa dimensão pode influenciar diretamente os outros critérios. Sem ela, nada acontece e, por isso, é a base da pirâmide. A dimensão legal da responsabilidade social consiste no respeito às regras do jogo, ou seja, a obrigação que a empresa tem de respeitar as leis da sociedade em que está inserida. A dimensão ética representa o compromisso de se fazer o que é devidamente correto, mesmo que tais ações não estejam contempladas formalmente nas leis determinadas pela sociedade. Discutiremos essa dimensão ética com mais calma na próxima seção. A responsabilidade discricionária ou filantrópica é uma extensão da dimensão ética e compreende as contribuições relacionadas ao arbítrio individual ou voluntário para a sociedade, com o objetivo da qualidade de vida e da sustentabilidade socioambiental.

Responsabilidade social é diferente de filantropia, pois a primeira deve estar vinculada à estratégia empresarial, fazendo parte do planejamento da empresa e compreendendo ações proativas, inseridas na cultura da organização como um todo. Já a segunda está relacionada apenas às ações, quase sempre pontuais, da instituição com a comunidade. São práticas assistenciais que surgem normalmente por iniciativa pessoal (voluntariado) dos empregados e/ou dirigentes da empresa. Apesar de conceitualmente diferentes, a filantropia geralmente é o primeiro passo para a responsabilidade social.

> A atividade econômica é indispensável na geração de empregos, investimentos e pagamentos de taxas e impostos.

5.3 A ética e a responsabilidade social

No livro *Ética empresarial na prática: liderança, gestão e responsabilidade corporativa*, Alencastro (2010) chama a atenção para o fato de que a responsabilidade social deve ser encarada como uma complexa estratégia empresarial que, entre outras funções, representa uma exteriorização dos princípios que regem a organização. Em outras palavras, a ética empresarial é o fundamento da responsabilidade social.

É como se a responsabilidade social obedecesse à busca do interesse global, o que representa um posicionamento ético. Para Russ (1999, p. 161), as empresas, ciosas do êxito a longo prazo, mas também conscientes das regras de conduta favoráveis a todos e da necessidade de conciliar os interesses do produtor com os do consumidor, afirmam e reforçam sua postura ética para com a sociedade.

Robert C. Solomon (2000), professor de filosofia e administração da Universidade do Texas, também defende o ponto de vista de que a ética é a base para a responsabilidade social e, consequentemente, do sucesso empresarial. Para ele, a incorporação da ética aos negócios, além de fortalecer o fator confiança com os *stakeholders* da organização, também evita que ela venha a ser vítima de litígios e até mesmo da interferência de governos (Solomon, 2000).

> Os empregados compõem uma categoria de *stakeholders* vital para a organização.

Aqui, é necessário harmonizarmos o discurso com a prática, pois o maior erro que uma organização pode cometer é adotar ações socialmente responsáveis de forma incompleta, deixando de lado, por exemplo, as pessoas que trabalham na empresa. É muito comum encontrarmos empresas que fazem ampla divulgação na mídia de suas ações socioambientais, mas que, internamente, não respeitam seus colaboradores e são tolerantes com o assédio moral. Em casos extremos, até fazem "vistas grossas" a determinadas práticas antiéticas na condução dos seus negócios. Definitivamente, isso não funciona, pois é importante adotar uma linha de coerência entre as atividades externas (exógenas), voltadas à comunidade, e as internas (endógenas), focadas nos colaboradores.

Nossa experiência, adquirida em longos anos de interação com empresas dos mais variados ramos de atividade, tem nos mostrado que os empregados geralmente não são priorizados nos processos de responsabilidade social. As ações externas têm um impacto maior com o grande público e, por isso, merecem maior atenção, concentrando muitas vezes grandes esforços publicitários para a sua divulgação. Trata-se de um grande erro, pois os empregados compõem uma categoria de *stakeholders* vital para a organização.

Salários inadequados, jornadas de trabalho massacrantes e ambiente físico de trabalho insalubre só servem para comprometer o bom clima organizacional e diminuir a produtividade. A receita mágica, muitas vezes desprezada por tantos empresários, é o reconhecimento de que, se tratarmos nossos colaboradores com justiça, respeito e dignidade, eles devolverão esse tratamento para a organização.

Falhas éticas levam as empresas a perder clientes e fornecedores importantes, dificultando o estabelecimento de parcerias. Hoje, a prática de parcerias é muito frequente, e, na hora de se estabelecer parcerias, além de levantar as afinidades culturais e comerciais, as empresas também verificam se há compatibilidade ética.

Recuperar o nome de uma empresa é tarefa muito difícil. Quando uma companhia age corretamente, o tempo de vida do fato na memória do público é geralmente muito curto. No entanto, a lembrança de uma transgressão à ética pode durar muito tempo. A percepção do público pode ter um impacto direto sobre os lucros da empresa.

Atualmente, uma organização, para competir com sucesso nos mercados nacional e mundial, tem de levar em conta a importância de cultivar uma sólida reputação de comportamento ético e responsabilidade social.

É o seu "capital reputacional", pois a reputação é um elemento muito importante nas relações comerciais, formais ou informais, quer estas digam respeito à publicidade, quer aos produtos e serviços, quer às questões ligadas aos recursos humanos. A respeito da relação entre a conduta socialmente responsável e os ganhos de reputação da empresa, Machado Filho (2006, p. 66) chama a atenção para o fato de que a responsabilidade social pode ajudar a reforçar a ligação da organização com a comunidade. Da mesma maneira, a construção de um "capital reputacional" forte cria vantagens competitivas para a empresa, aprimorando sua capacidade de atrair e manter recursos e minimizando riscos de perdas reputacionais. A Figura 5.3 é um esquema de como a conduta socialmente responsável cria/aumenta o capital reputacional, agregando valor para a empresa, gerando oportunidades e minimizando riscos.

Figura 5.3 – Conduta socialmente responsável e criação de valor

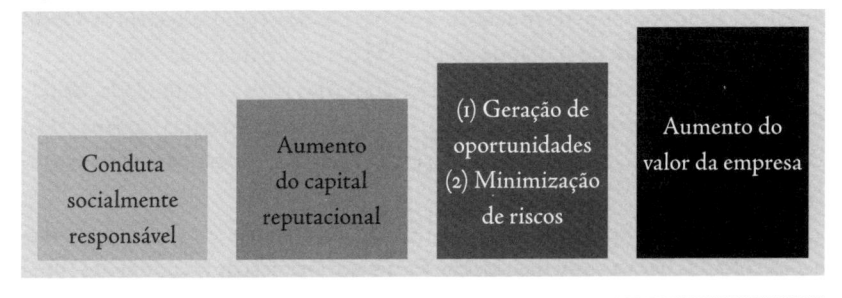

| Conduta socialmente responsável | Aumento do capital reputacional | (1) Geração de oportunidades (2) Minimização de riscos | Aumento do valor da empresa |

Fonte: Elaborado com base em Machado Filho, 2006, p. 67.

Como exemplo, poderíamos citar o relacionamento da organização com a mídia. Uma grande oportunidade gerada pela conduta socialmente responsável poderia ser uma cobertura favorável. Da mesma maneira, se considerarmos os investidores, um capital reputacional forte significa geração de valor e, ao mesmo tempo, evita uma possível fuga desse importante *stakeholder*.

5.4 A prática da responsabilidade social

Com a prática da responsabilidade social, as organizações – sempre nos limites razoáveis de seus recursos – visam contemplar objetivos de interesse social. Tais objetivos poderão incluir, entre outros, parcerias com escolas – visando melhorar a qualidade da educação –, excelência na proteção e na conservação de recursos naturais, apoio a serviços comunitários e promoção da cultura, do esporte e do lazer.

A pesquisa *Ação Social das Empresas no Brasil*, divulgada em 2006 e realizada pelo Instituto de Pesquisa Econômica e Aplicada (Ipea), apresenta as principais ações que estão em curso no país. Trata-se de um estudo comparativo com a pesquisa anterior, realizada em 2002.

Os resultados apontam para um crescimento significativo, entre 2000 e 2004, na proporção de empresas privadas brasileiras que realizaram ações sociais em benefício das comunidades. Nesse período, a participação empresarial na área social aumentou 10 pontos percentuais, passando de 59% para 69%. São aproximadamente 600 mil empresas que atuam voluntariamente. Em 2004, elas aplicaram cerca de R$ 4,7 bilhões, o que correspondia a 0,27% do PIB brasileiro naquele ano.

A Região Sul apresentou o maior crescimento na proporção de empresas atuantes, que passou de 46% em 2000 para 67% em 2004, o que equivale a um aumento de 21 pontos percentuais. O Nordeste, que aumentou sua atuação em 19 pontos (de 55% para 74%), ultrapassou ligeiramente o Sudeste, que, em 2004, contava com 71% de participação. Finalmente, a Região Norte apresentou uma expansão de 15 pontos percentuais (de 49% para 64%), seguida do Centro-Oeste, com um crescimento de 11 pontos no período (de 50% para 61%).

A respeito dos estados que têm ações voluntárias para a comunidade, Minas Gerais (81%) continua em primeiro lugar, sendo seguido por Santa Catarina (78%), Bahia (76%), Ceará (74%), Pernambuco (73%) e Mato Grosso e Mato Grosso do Sul (72%).

Quanto às áreas de atuação (Tabela 5.1), merece destaque o crescimento das ações voltadas para a alimentação, que é a área prioritária de atendimento (52%), ultrapassando as ações voltadas para a assistência social (41%).

Tabela 5.1 – Principais ações de responsabilidade social no Brasil

Área de atuação	2000	2004
Meio ambiente	9%	7%
Segurança	13%	7%
Cultura	14%	13%
Qualificação profissional	2%	14%
Esporte	17%	15%
Desenvolvimento comunitário e mobilização social	19%	18%
Lazer e recreação	7%	19%
Educação/alfabetização	19%	23%
Saúde	17%	24%
Assistência social	54%	41%
Alimentação e abastecimento	41%	52%

Fonte: Ipea, 2006, p. 20.

Com base nos dados apresentados, podemos concluir que o empresariado brasileiro dá uma grande ênfase às ações voltadas ao problema da segurança alimentar (alimentação e abastecimento). Campanhas de arrecadação de alimentos, roupas, brinquedos e agasalhos dentro das empresas ou por meio dos seus empregados são mecanismos amplamente difundidos e incentivados.

O relatório do Ipea também apresenta informações sobre o público-alvo das ações. São as crianças, os idosos e os portadores de doenças graves que merecem destaque. Campanhas de prevenção do HIV/Aids e de outras doenças, incentivo à educação infantil e oferta de postos de trabalho para idosos e portadores de limitações físicas, bem como auxílio financeiro a instituições de saúde e educacionais, são práticas muito apreciadas.

A respeito dos motivos pelos quais muitas empresas declinam das ações de responsabilidade social, o relatório aponta a falta de dinheiro como a principal razão. No que tange à percepção dos empresários em relação ao seu papel nas práticas de responsabilidade social, a pesquisa do Ipea confirma alguns pontos já abordados nesta seção, como o fato de que já há uma compreensão de que, no mundo empresarial, embora a atuação privada não deva substituir o poder público, ela tem um importante papel de complementaridade da ação estatal.

5.5 Normas de responsabilidade social corporativa (RSC)

Atualmente, tem-se discutido bastante sobre a criação e a adoção de normas voluntárias de responsabilidade social. Existem várias iniciativas nesse sentido, pois há a necessidade de que, além dos códigos de conduta interna adotados pelas empresas, muitos dos quais apresentam regras para o trato com os *stakeholders*, sejam desenvolvidas algumas referências internacionais a serem observadas.

5.5.1 Social accountability 8000 (SA 8000)

A social accountability 8000 (SA 8000) é a primeira certificação internacional com alcance global que trata da questão da responsabilidade social. É mantida pela organização não governamental norte-americana Social Accountability International (SAI), uma instituição que se dedica ao desenvolvimento, à implementação e à supervisão de normas de responsabilidade social comprováveis e voluntárias. Tem como base a Declaração Universal dos Direitos Humanos, a Convenção sobre os Direitos da Criança da ONU e as diretrizes da Organização Internacional do Trabalho (OIT). Além desses documentos de referência, a SA 8000 também verifica se as legislações locais, no que diz respeito aos direitos dos trabalhadores e das crianças, estão sendo cumpridas. Ela possui, basicamente, nove itens de verificação, que apresentaremos de forma resumida (SAI, 2012):

---

1. Trabalho infantil: Não é permitido. Considera-se trabalho infantil aquele executado por pessoa menor do que 15 anos ou a idade mínima determinada pelas leis locais.
2. Trabalho forçado: Não é permitido. Trata-se da atividade laboral na qual o trabalhador não recebe remuneração.
3. Saúde e segurança: Devem ser asseguradas. Isso implica manutenção de um ambiente de trabalho saudável e a adoção, por parte da organização, de todas as medidas necessárias ao gerenciamento da saúde e da segurança na empresa.
4. Liberdade de associação e negociação coletiva: Devem ser garantidas. Nenhum trabalhador é obrigado a participar de sindicatos e associações de classe, mas esse direito deve ser garantido.
5. Discriminação: Não é permitida. Ninguém pode ser discriminado, seja na contratação, seja na promoção e no acesso a treinamento etc., por conta de sua raça, classe social, etnia, sexo, orientação sexual, religião, problemas físicos ou filiação político-partidária.
6. Práticas disciplinares: Não são permitidas as punições e as coerções de ordem física ou mental.
7. Horário de trabalho: Não deve ultrapassar 48 horas semanais (no Brasil, são 44 horas) e 12 horas-extra por semana. O dia de descanso semanal deve ser garantido.
8. Remuneração: Deve ser suficiente para suprir os custos de moradia, vestuário e alimentação.
9. Sistemas de gestão: Deve garantir, pela sua organização, que todos os requisitos da norma sejam aplicados e acompanhados por meio de um bom monitoramento. A filosofia a ser seguida é a da melhoria contínua, num processo de crescente aperfeiçoamento.

5.5.2 ISO 26000: diretrizes sobre responsabilidade social

Em novembro de 2010, foi publicada a Norma Internacional ISO 26000 – Diretrizes sobre Responsabilidade Social, cujo lançamento foi em Genebra, Suíça. No Brasil, a versão em português da norma é a ABNT NBR ISO 26000. Trata-se de uma norma internacional desenvolvida por um processo *multi-stakeholder* que envolveu especialistas de mais de 90 países e de 40 organizações internacionais. Essa norma fornece orientações a respeito dos princípios subjacentes à responsabilidade social.

A ISO 26000:2010 é uma norma de diretrizes e de uso voluntário; não visa nem é apropriada a fins de certificação. Qualquer oferta de certificação ou de alegação de ser certificado pela ABNT NBR ISO 26000 constitui em declaração falsa e incompatível com o propósito da norma.

De acordo com o texto da ISO 26000 (Inmetro, 2012d), a responsabilidade social se expressa pelo desejo e pelo propósito das organizações de incorporar considerações socioambientais em seus processos decisórios e de responsabilizar-se pelos impactos de suas decisões e atividades na sociedade e no meio ambiente. Isso implica comportamento ético e transparente que contribua para o desenvolvimento sustentável, que esteja em conformidade com as leis aplicáveis e que seja consistente com as normas internacionais de comportamento. Também requer que a responsabilidade social esteja integrada em toda a organização, seja praticada em suas relações e leve em conta os interesses das partes envolvidas. A norma fornece orientações para todos os tipos de organização – independente do porte ou da localização – sobre:

- Conceitos, termos e definições referentes à responsabilidade social.
- Histórico, tendências e características da responsabilidade social.
- Princípios e práticas relativas à responsabilidade social.
- Os temas centrais e as questões referentes à responsabilidade social.
- Integração, implementação e promoção de comportamento socialmente responsável em toda a organização e por meio de suas políticas e práticas dentro de sua esfera de influência.
- Identificação e engajamento de partes interessadas.
- Comunicação de compromissos, desempenho e outras informações referentes à responsabilidade social.

A norma define também os sete princípios da responsabilidade social:

1. **Accountability**: Ato de responsabilizar-se pelas consequências de suas ações e decisões, respondendo pelos seus impactos na sociedade, na economia e no meio ambiente, prestando contas aos órgãos de governança e demais partes interessadas e declarando os seus erros e as medidas cabíveis para remediá-los.
2. **Transparência**: Fornecer às partes interessadas de forma acessível, clara, compreensível e em prazos adequados todas as informações a respeito dos fatos que possam afetá-las, incluindo os impactos conhecidos e prováveis na sociedade e no meio ambiente.
3. **Comportamento ético**: Agir de modo aceito como correto pela sociedade – com base nos valores da honestidade, da equidade e da integridade perante as pessoas e a natureza – e de forma consistente com as normas

internacionais de comportamento. Esta ética implica preocupação com pessoas, animais e meio ambiente.

4. **Respeito pelos interesses das partes envolvidas (*stakeholders*)**: Ouvir, considerar e responder aos interesses das pessoas ou dos grupos que tenham participação nas atividades da organização ou que por ela possam ser afetados.

5. **Respeito pelo Estado de direito**: O ponto de partida mínimo da responsabilidade social é cumprir integralmente as leis do local onde está operando.

6. **Respeito pelas normas internacionais de comportamento**: Adotar prescrições de tratados e acordos internacionais favoráveis à responsabilidade social, mesmo que não haja obrigação legal. Em países nos quais a legislação não prevê um mínimo de salvaguardas socioambientais, recomenda-se que a organização se esforce para respeitar as normas internacionais de comportamento. Em países nos quais a legislação ou sua implementação contradigam significativamente as normas internacionais, recomenda-se à organização que se esforce para seguir as normas internacionais até onde seja possível.

7. **Respeito aos direito humanos**: Reconhecer a importância e a universalidade dos direitos humanos, cuidando para que as atividades da organização não os agridam direta ou indiretamente, zelando pelo ambiente econômico, social e natural que requerem. Os direitos previstos na Carta Internacional dos Direitos Humanos devem ser respeitados e promovidos de forma universal, ou seja, são aplicáveis em todos os países, culturas e situações.

As organizações devem considerar os sete princípios da responsabilidade social, mas não necessariamente tratarão de todas as questões a eles relacionadas. Cabe às organizações analisar com os seus *stakeholders* a relevância das questões e dos subtemas a fim de priorizar suas ações. Para definir o escopo da responsabilidade social, a organização deve abordar os seguintes temas centrais (Figura 5.4): **governança organizacional**, que trata dos processos de tomada de decisão, delegação, poder e controle na organização; **direitos humanos**, que incluem a *due diligence* ou situações de risco para os direitos humanos, tais como discriminação, direitos civis e políticos e direitos fundamentais do trabalho; **práticas trabalhistas**, que devem considerar as relações e as condições de trabalho, bem como itens relacionados à saúde, à segurança, ao desenvolvimento humano e ao treinamento no local de trabalho; e **meio ambiente**, ou seja, prevenção contra poluição, uso sustentável dos recursos naturais, proteção da biodiversidade e restauração de *habitats* naturais.

Podemos incluir também como temas centrais as **práticas leais de operação**, que são as ações anticorrupção, o envolvimento político responsável, a concorrência leal e o respeito aos direitos de propriedade; as **questões dos consumidores**, que incluem – entre outras – o *marketing* leal, as informações factuais e não tendenciosas, as práticas contratuais justas, a proteção à saúde/segurança do consumidor; o consumo sustentável e a proteção/privacidade dos dados do consumidor.

Por fim, mas não menos importante, a norma ISO 26000 aborda a questão do **envolvimento e desenvolvimento da comunidade**, que se refere a itens como educação e cultura, geração de emprego e capacitação, desenvolvimento tecnológico e acesso a tecnologias, geração de riqueza e renda, saúde e investimento social.

Figura 5.4 – Temas centrais da responsabilidade social segundo a ISO 26000

Direitos humanos	Meio ambiente	Consumidores
Due diligence; Situações de risco aos D.H.; Discriminação; Grupos vulneráveis; Direitos civis e políticos; Direitos fundamentais do trabalho.	Prevenção da poluição; Uso sustentável dos recursos; Proteção e recuperação de ambientes naturais; Mitigação e adaptação para as mudanças climáticas.	Práticas justas de *marketing*; Transparência; Saúde e segurança; Consumo sustentável; Apoio e suporte; Conscientização.
Trabalho	**Governança**	**Práticas justas de operação**
Empregabilidade; Condições de trabalho; Proteção social; Desenvolvimento humano e treinamento.	Estrutura e processo de tomada de decisão.	Anticorrupção; Competição justa; Promoção da RSC; Respeito ao direito de propriedade.
	Envolvimento comunitário Educação e cultura; Geração de empregos; Desenvolvimento tecnológico; Geração de riqueza e renda; Saúde; Investimento social.	

Fonte: Elaborado com base em ISO 26000, 2012.

Para Grüninger e Oliveira (2002), as normas de responsabilidade social atendem a uma crescente demanda por transparência e prestação de contas para a sociedade. As vantagens de sua utilização dizem respeito à padronização de procedimentos, às definições claras para procedimentos de auditoria, à criação de mecanismos de acompanhamento e melhorias contínuas, bem como possibilitar ao mercado/consumidores identificar e priorizar nas suas escolhas as empresas que praticam o "jogo limpo" da responsabilidade social.

capítulo 6

Gestão da sustentabilidade

Se considerarmos que os resultados econômicos estão cada vez mais atrelados aos impactos ambientais e sociais causados pelas decisões e ações das empresas, é essencial que esses elementos façam parte do planejamento e das estratégias de negócios dessas instituições.

Hoje em dia, a qualidade do produto ou do serviço, o controle ambiental, a saúde e a segurança no trabalho são os grandes focos de atenção de qualquer empresa que queira sobreviver a longo prazo (Moreira, 1999, p. 53).

Por conta disso, muitas organizações estão utilizando a gestão ambiental e a responsabilidade social como diretrizes corporativas. Nesse contexto, podemos chamar de *gestão da sustentabilidade* as ações e as estratégias formuladas para alcançar um determinado objetivo organizacional (operacional, negócio ou corporativo), sempre considerando as demandas socioambientais dos *stakeholders*. Dessa forma, a responsabilidade socioambiental passa a fazer parte das estratégias de negócios e permite a integração da empresa com a sociedade.

Este último capítulo é dedicado especialmente àqueles que têm interesse no desenvolvimento de projetos de sustentabilidade, pois trata das estratégias para a promoção da responsabilidade socioambiental. Além disso, são apresentados mecanismos para a integração da gestão socioambiental com os outros processos da empresa e alguns instrumentos utilizados para acompanhar e medir as ações nessa área.

6.1 Estratégias para a promoção da responsabilidade socioambiental

Planejamento estratégico é um processo contínuo e sistemático no qual pessoas tomam decisões sobre resultados futuros desejados, como esses resultados serão alcançados e como o sucesso será mensurado e avaliado. Sendo assim, no que diz respeito à sustentabilidade, Porter e Kramer (2002) sugerem que é benéfico para os negócios e para a sociedade alinhar a responsabilidade socioambiental com o planejamento estratégico da empresa. Conforme podemos constatar na Figura 6.1, é possível associar os interesses econômicos com os sociais e assim conciliar as vantagens para os negócios e os ganhos sociais.

Figura 6.1 – Convergência de interesses entre empresa e sociedade

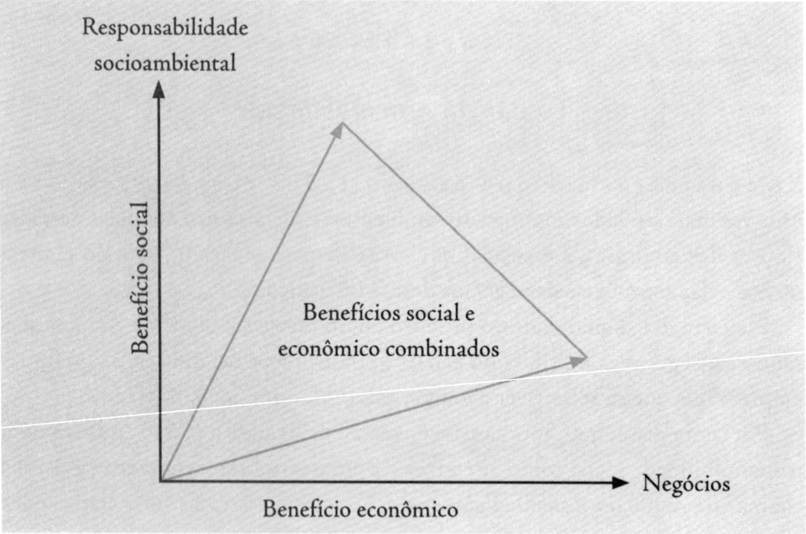

[Figura: gráfico com eixo vertical "Responsabilidade socioambiental" (Benefício social) e eixo horizontal "Benefício econômico" (Negócios), mostrando um triângulo com "Benefícios social e econômico combinados"]

Fonte: Elaborado com base em Porter; Kramer, 2002, p. 7*.

Husted e Salazar (2006) desenvolveram um estudo examinando empresas que tinham como objetivo a maximização do lucro e do desempenho social. Por meio de comparações entre as instituições estudadas, os autores identificaram três tipos de investimento social por parte das empresas – o **altruísta**, o **egoísta** e o **estratégico** – e concluíram que o investimento estratégico gera melhores resultados para as empresas que buscam atingir os dois objetivos simultaneamente: a maximização do lucro e a do desempenho social. Esse investimento estratégico consiste na geração de bem-estar e de vantagens positivas para a sociedade e para a comunidade local, bem como benefícios adicionais para a empresa, como boa reputação, mão de obra mais bem qualificada, diferenciação de produtos e extração de preço *premium*. As conclusões do estudo relatam

---

* *Na figura original, Porter e Kramer (2002) utilizam a expressão* filantropia estratégica. *Como já estudado e discutido anteriormente, filantropia é diferente de responsabilidade social. No entanto, no texto, quando se referem à filantropia estratégica, os autores se aproximam muito do nosso conceito de responsabilidade social, o que nos permitiu essa adaptação.*

que as organizações podem agregar valor e obter vantagens competitivas por intermédio de sua atuação socialmente responsável. No entanto, devem atuar estrategicamente; a responsabilidade socioambiental deve, portanto, estar vinculada à estratégia empresarial.

Para uma efetiva promoção da responsabilidade socioambiental, é necessária a gestão adequada das questões ambientais e sociais, integrando-a aos sistemas de gestão convencionais e permitindo que a organização avance para uma mais ampla aceitação dos conceitos e dos princípios socioambientais, no desenvolvimento de técnicas e sistemas para capturar os impactos ambientais de produtos e processos e no reconhecimento da necessidade de uma reforma organizacional e gerencial para atingir melhores desempenhos nessas áreas (Sanches, 2000, p. 84).

O papel da alta administração é fundamental para que as iniciativas e os esforços da organização rumo às responsabilidades socioambientais tenham sucesso. Cabe à alta administração dar corpo à missão da organização. A missão expressa o motivo pelo qual a empresa foi criada e a razão de sua existência. Mostra, ainda, a definição do negócio. Uma empresa não se define pelo seu nome, estatuto ou produto que faz; ela se define pela sua missão. A missão responde às perguntas básicas:

1. Qual o motivo de a minha empresa existir?
2. Qual é o meu negócio (produtos e serviços)?
3. Quem são os meus clientes?
4. Qual a minha contribuição para a sociedade?

Por conta disso, o primeiro passo para a promoção da responsabilidade socioambiental está no desenvolvimento da missão da empresa, que deverá contemplar essas questões e ser posta em prática pela alta administração. Uma vez desenvolvida, a missão explicita os valores corporativos. Assim, a alta administração deve colocá-los em prática por meio de uma gestão executiva responsável.

> É fundamental que a empresa esteja sintonizada com as expectativas dos seus *stakeholders* e que mantenha um canal de comunicação sempre aberto com eles.

Isso implica incluir a gestão socioambiental entre as prioridades corporativas, garantir o diálogo com os *stakeholders* (internos e externos) e identificar os dispositivos legais e outros requisitos socioambientais aplicáveis às atividades, aos produtos e aos serviços.

No que diz respeito ao diálogo com os *stakeholders*, um procedimento muito interessante é o *stakeholder management*, que é a aplicação do ciclo PDCA na gestão das expectativas em relação às demandas socioambientais. Trata-se de um ciclo de melhorias contínuas, no qual, uma vez identificadas, analisadas e registradas as necessidades das partes interessadas, inicia-se um processo de planejamento e de ações no sentido de satisfazer essas melhorias. É fundamental que a empresa esteja sintonizada com as expectativas dos seus *stakeholders* e que mantenha um canal de comunicação sempre aberto com eles. Na Figura 6.2, é representado um esquema do *stakeholder management*.

Figura 6.2 – *Stakeholder management*

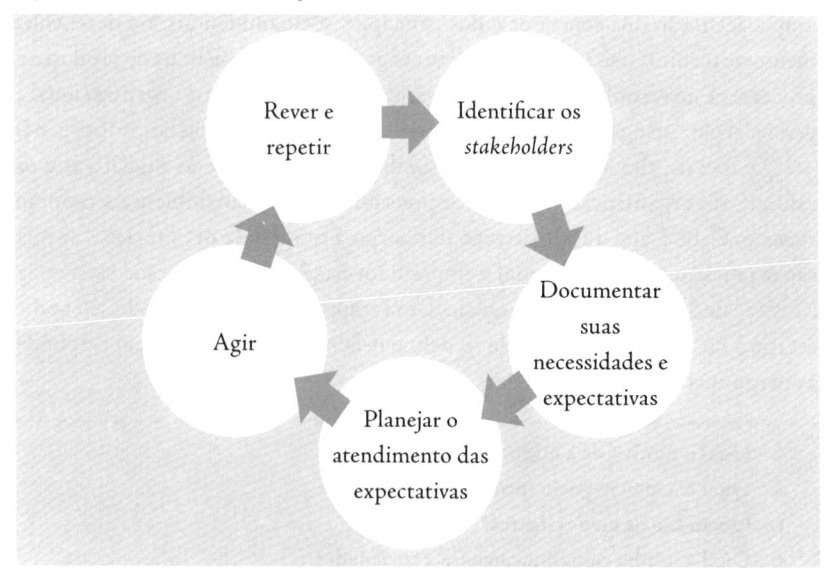

Rever e repetir → Identificar os stakeholders → Documentar suas necessidades e expectativas → Planejar o atendimento das expectativas → Agir

Fonte: Elaborado com base em Worthington, 2012, p. 3.

6.2 Gestão socioambiental e processos administrativos

Geralmente, ao se voltar para os princípios da sustentabilidade e da responsabilidade socioambiental, as organizações adotam uma abordagem integrada das questões socioambientais em sua estratégia de negócios. Alguns aspectos normalmente observados, de acordo com Neto, Campos e Shigunov (2000, p. 200-201), são os seguintes:

+ Definição das responsabilidades dos gestores em relação às práticas socioambientais.
+ Alocação dos recursos financeiros necessários ao gerenciamento socioambiental.

- Prioridade à saúde e à segurança dos empregados, dos consumidores e da comunidade.
- Promoção de políticas que evitem a escassez dos recursos, a extinção das espécies e o apoio a regimes opressivos.
- Influência direta da política ambiental nos processos de fabricação, práticas de manutenção e emissões.
- Influência da política ambiental no projeto de produtos e nos de formas diretas e explícitas.
- Redução, reuso e reciclagem de materiais.
- Monitoração e mensuração das emissões.
- Redução do uso e da emissão de substâncias tóxicas.
- Recuperação de produtos e embalagens após o uso, para reuso e reciclagem.
- Treinamento ambiental aos empregados.
- Melhoria socioambiental contínua.
- Contabilidade de custos ambientais.

Porém, para o sucesso do plano estratégico socioambiental, é fundamental a integração das diversas áreas da empresa. Não podemos mais gerir os vários processos organizacionais de forma estanque e sem integração. Por conta disso, é necessário que os processos técnicos e administrativos atuem de forma integrada no sentido de incorporar a responsabilidade socioambiental em seus fluxos de trabalho.

Da alta administração ao "chão de fábrica" (Quadro 6.1), todos possuem um papel importante a desempenhar na gestão socioambiental.

Quadro 6.1 – Integração das diversas áreas da empresa

Alta administração	Comunicar. Prover os recursos necessários. Analisar criticamente a *performance*. Compromisso com o desempenho socioambiental.
Compras	Controle para produtos que contribuem com a degradação do ambiente.
Recursos Humanos	Treinamento, avaliação, recompensas e outros.
Finanças	Gerenciamento de custos. Análise da viabilidade econômica de projetos.
Engenharia	Análise de impactos ambientais de novos produtos/processos e de suas modificações/alterações.
Chão de fábrica	Cumprir os procedimentos operacionais padrão. Treinar colaboradores. Respeitar as diretrizes ambientais da empresa.

Fonte: Backer, 2002, p. 23.

De acordo com Sanches (2000, p. 86), antes de estabelecerem suas metas socioambientais, as empresas precisam primeiramente conhecer seu "estado atual da arte" nessas áreas, seja quanto às exigências dos grupos de interesses, seja quanto aos seus impactos no meio ambiente. Somente após esse diagnóstico inicial poderão planejar suas ações a fim de estabelecer um conjunto de práticas e procedimentos para gerenciar as relações entre empresa, meio ambiente e sociedade. Isso implica na capacidade de monitorar suas atividades, corrigir problemas, buscar novas soluções e adotar medidas preventivas que estejam de acordo com as políticas e as estratégias de sustentabilidade estabelecidas.

6.3 Como medir a sustentabilidade?

De acordo com Fernando Almeida (2002, p. 153), medir a sustentabilidade, com a finalidade de informar aos tomadores de decisão e responder às expectativas dos seus *stakeholders*, é essencial para as empresas.

Existem diversas metodologias e ferramentas para se avaliar o desempenho socioambiental de uma empresa. É comum o uso dos "relatórios de sustentabilidade". Um relatório de sustentabilidade é resultado de um processo que visa identificar, mensurar, divulgar e prestar contas sobre as ações das organizações com vistas à sustentabilidade. Por meio do seu reporte, as organizações e todos os seus públicos têm em mãos um instrumento que possibilita dialogar e implantar um processo de melhoria contínua do desempenho rumo ao desenvolvimento sustentável.

Geralmente, os resultados desses relatórios são veiculados por diversos meios, impressos ou eletrônicos, para acompanhar e divulgar os aspectos socioambientais da organização, seus impactos e o que ela faz e pretende fazer em relação a eles.

> Um relatório de sustentabilidade é resultado de um processo que visa identificar, mensurar, divulgar e prestar contas sobre as ações das organizações com vistas à sustentabilidade.

Segundo França (2007, p. 126-127), uma importante ferramenta, no que diz respeito às diretrizes para o acompanhamento do desempenho socioambiental, é o chamado *padrão GRI*, desenvolvido pela Global Reporting Initiative, uma instituição sem fins lucrativos com sede em Amsterdã, Holanda. Seu foco está na avaliação do *Triple Bottom Line*, ou seja, por meio de um conjunto de indicadores para cada uma das três áreas (econômica, ambiental e social), é possível mensurar as práticas socioambientais desenvolvidas pelas empresas, com fins de comparação, algo até então considerado muito difícil.

O GRI contempla, entre outros fatores, a avaliação da visão estratégica da organização, seus sistemas de gestão, o engajamento das partes interessadas (*stakeholders*) e os indicadores de desempenho econômico, ambiental e social (França, 2007, p. 131-135).

Almeida (2002, p. 154-155) afirma que o GRI é um dos mais consistentes esforços para consolidar as diversas iniciativas já existentes e se chegar a um consenso no que diz respeito aos relatórios de sustentabilidade. Segundo as diretrizes do GRI, os relatórios, além de abrangerem as três dimensões da sustentabilidade (econômica, social e ambiental), devem também seguir alguns princípios gerais que estão descritos no guia *Sustainability Reporting Guidelines* (GRI, 2011). Em linhas gerais, são os seguintes:

- Ser pertinente em relação à proteção do meio ambiente, à saúde humana e/ou à melhoria da qualidade de vida.
- Subsidiar os processos de tomada de decisão.
- Reconhecer a diversidade das empresas.
- Permitir a comparação entre as empresas.
- Ser objetivo, mensurável, transparente e verificável.
- Ser compreensível e significativo para os *stakeholders*.
- Ser baseado numa avaliação global (holística) da organização. Aspectos com os fornecedores e com os consumidores devem ser considerados.

A contribuição brasileira ao esforço global de formulação e padronização de indicadores de sustentabilidade é o **balanço social**. Por meio dele, a empresa demonstra respeito aos direitos humanos de seus colaboradores, bem como sua responsabilidade social perante a atual e futura sociedade. "O Balanço Social é o conjunto de informações com base técnica contábil, gerencial e econômica capaz de proporcionar uma visão da relação capital-trabalho no que diz respeito aos seus diferentes aspectos econômico-sociais" (Freire, 1997, p. 4). Esse relatório surgiu para atender às necessidades de informação no campo social, sendo "um instrumento de medida que permite verificar a situação da empresa no campo social, registrar as realizações efetuadas neste campo e, principalmente, avaliar as relações ocorridas entre o resultado da empresa e a sociedade" (Luca, 1998, p. 23).

É um documento de uso optativo e que pode ser publicado anualmente pelas empresas. No geral, reúne uma série de informações importantes sobre as atividades desenvolvidas pela empresa no que diz respeito às ações de promoção social e humana. Essas ações são atividades direcionadas aos trabalhadores e também à comunidade na qual a empresa está inserida. É uma forma de prestação de contas à sociedade.

Um modelo de balanço social amplamente divulgado no Brasil é o do Ibase, que, segundo seu fundador, o sociólogo Herbert de Souza (Betinho), serve para "demonstrar quantitativamente e qualitativamente o papel desempenhado pelas empresas no plano social, tanto internamente quanto na sua atuação na comunidade" (Balanço Social, 2012). O balanço social deverá apresentar informações como: perfil da empresa, setor em que atua, histórico, princípios e valores, indicadores de desempenho (econômico, social e ambiental), bem como as iniciativas de interesse da sociedade.

Apesar de não ser obrigatória, a publicação do balanço social é muito desejável. Além dos ganhos em termos de "capital reputacional" (imagem) que a empresa obtém, sua divulgação permite a comparação saudável entre as empresas em relação à responsabilidade social, além de proporcionar elementos para o estabelecimento de indicadores setoriais nessa área.

Sobre o aspecto econômico, cabe lembrarmos que grandes bancos e instituições financeiras estão exigindo o balanço social para a liberação de empréstimos e outras vantagens.

Outra iniciativa brasileira é a do Instituto Ethos de Empresas e Responsabilidade Social (2012b), batizado de "Indicadores Ethos"*. Esses indicadores se desenvolvem por meio de um questionário que ajuda as empresas a avaliar seu desempenho socioambiental. O documento divide-se em sete grandes temas: valores e transparência, público interno, meio ambiente, fornecedores, consumidores, governo e comunidade.

> Apesar de não ser obrigatória, a publicação do balanço social é muito desejável

Esses indicadores são divididos em dois grupos – estágio atual e postura desejada – a fim de que a empresa possa avaliar sua *performance* e também fazer comparações com o que considera ideal.

O Quadro 6.2 traz uma comparação entre os indicadores de sustentabilidade apresentados neste capítulo.

---

* *O processo de construção da terceira geração dos Indicadores Ethos contempla duas etapas. A primeira corresponde à Versão Intermediária para Aplicação-Piloto, lançada na Conferência Ethos 2011, cuja proposta apresenta a convergência entre os Indicadores Ethos, as Diretrizes da Global Reporting Initiative (GRI) e a Norma ABNT NBR ISO 26000; e a segunda aos Indicadores Ethos – 3ª Geração, cujo lançamento está previsto para outubro de 2012, os quais são resultados de um processo estruturado participativo entre diversas partes interessadas.*

Quadro 6.2 – Comparação entre os indicadores de sustentabilidade

Entidade	Abrangência				
	Ambiental	Econômica	Social	Saúde e segurança	Qualidade
Global Reporting Initiative (GRI)	✓	✓	✓	✓	✓
Indicadores Ethos	✓	✓	✓	✓	
Instituto Brasileiro de Análises Sociais e Econômicas (Ibase)	✓	✓	✓	✓	

Fonte: Elaborado com base em GRI, 2011; Instituto Ethos..., 2012a; Balanço Social, 2012.

Gostaríamos de ressaltar que os relatórios de sustentabilidade produzem resultados internos e externos à organização. Internamente, permitem, entre outras ações, a sistematização e o reporte de informações, melhorias de desempenho no nível de eficiência de processos, motivação de colaboradores e alinhamento dos objetivos socioambientais com os objetivos globais da empresa.

Externamente, possibilitam a prestação de contas aos *stakeholders* (transparência), o que pode resultar em satisfação, reconhecimento e projeção da marca e, também, o aumento do contato com investidores e instituições financeiras.

para concluir...

No decorrer deste livro, defendemos a tese de que as empresas e os governos estão atuando de forma a promover ações que visem evitar os desperdícios de matéria e energia, bem como reduzir a geração de resíduos. Além disso, em harmonia com os princípios do desenvolvimento sustentável, também desenvolvem projetos na área social, por meio da responsabilidade social corporativa (RSC).

Apregoa-se uma nova abordagem empresarial, aderente aos princípios do desenvolvimento sustentável, conhecida por *modernização ecológica*, que atribui ao mercado a capacidade de resolver a degradação do ambiente por meio do uso racional dos recursos naturais e que abre o mercado para as chamadas *tecnologias limpas*. Trata-se de uma perspectiva que defende a capacidade do mercado em superar a crise ambiental, sem abandonar o progresso tecnológico e, de modo geral, sem alterar o sistema de produção capitalista (Acselrad, 2004).

É uma visão que não está livre de críticas, e muitos dos que se contrapõem a essas iniciativas afirmam que tais medidas, embora plenamente incorporadas no discurso empresarial, estão longe de atingir seus objetivos, pois, em seu cerne, o modelo econômico vigente ainda é voltado para a produção e o consumo em massa.

O modo de vida contemporâneo é nitidamente insustentável, pois vivemos numa sociedade cada vez mais consumista e incentivada por um *marketing* excessivo. Excesso de consumo também significa geração excessiva de resíduos. Nesse sentido, Elmar Altvater (1995, p. 244) descreve que "o homem da sociedade industrial fordista é um ser produtor de lixo em massa, este é seu estilo de vida". A obsolescência acelerada e programada dos produtos faz com que ocorra uma renovação demasiada das necessidades de consumo.

Nesse cenário em que o acúmulo de rejeitos é cada vez maior, os entusiastas da "modernização ecológica" defendem as técnicas de reciclagem e de reutilização como uma das possíveis soluções para tais problemas. No entanto, como fazê-lo num modelo que incentiva o hiperconsumo? Para Montibeller Filho (2004, p. 214), a reciclagem de materiais encontra limites de natureza econômica, física e sociológica que impedem o desenvolvimento de todo o seu potencial. Apenas uma pequena parcela dos rejeitos pode ser reciclada, enquanto grande parte exigirá disposição final em depósitos de lixos. Todavia, mesmo essa parcela potencialmente reciclável pode encontrar grandes resistências no mercado de recicláveis.

Cabe então uma postura crítica em relação ao discurso e às práticas da "modernização ecológica", tão simpática aos interesses empresariais, mas que está longe de resolver a questão. Ainda de acordo com Montibeller Filho (2004), o desenvolvimento sustentável, apenas na perspectiva dos negócios, limita-se ao ambiente físico, visando à eficiência empresarial, à redução dos custos e ao aumento dos lucros. A equidade entre as gerações atuais e futuras, por exemplo, não faz parte da contabilidade das empresas.

A questão da sustentabilidade supera em muito a lógica empresarial, pois exige um novo paradigma produtivo, no qual os valores da diversidade biológica, da produtividade ecológica, da heterogeneidade cultural, da pluralidade política e da democracia participativa seriam seus principais alicerces. Nunca é demais lembrarmos que a busca pelo crescimento ilimitado do Produto Interno Bruto (PIB) e a expansão da população mundial ocasionam uma implacável corrida por cada vez mais energia e recursos naturais, que são de natureza limitada.

Numa visão mais refinada, Leff (2001b) propõe que a crise ambiental é uma crise de civilização e que não poderia encontrar uma solução apenas por meio da racionalidade instrumental predominante, da incerteza de um mundo economizado e arrastado por um processo incontrolável de produção e consumo.

Entretanto, considerando o papel hegemônico que as grandes corporações desempenham no mundo atual, torna-se óbvio que elas fazem parte dos problemas e das soluções da crise ambiental. Uma mudança de postura do mundo empresarial repercutiria diretamente nessas questões. Trata-se da incorporação de uma nova responsabilidade para a melhoria da qualidade ambiental por meio de uma profunda reestruturação dos valores que sustentam o *modus operandi* de produção e consumo (Layrargues, 1998). Para que isso aconteça, é necessária uma nova mentalidade empresarial que implica superar uma racionalidade exclusivamente econômica e incorporar – de fato – as questões ambientais nas decisões corporativas.

Nesse sentido, Jared Diamond[*] (2009) tem uma visão bem mais otimista e, num interessante artigo intitulado "As grandes empresas vão salvar o mundo?", apresenta poderosos argumentos em prol da modernização ecológica. Contrariando aquela opinião disseminada entre ambientalistas e liberais (de esquerda) de que as grandes empresas são destruidoras do meio ambiente, gananciosas, malvadas e guiadas por lucros imediatos, ele afirma que é possível encontrar empresas que estão entre as "mais positivas forças do mundo para a sustentabilidade ambiental" (Diamond, 2009).

---

* *Jared Mason Diamond, escritor, biólogo evolucionário, fisiologista e biogeógrafo. Muito conhecido pelo seu livro* Guns, Germs, and Steel (Armas, germes e aço), *vencedor do Prêmio Pulitzer (1998).*

As razões são óbvias e já apresentadas anteriormente, ou seja, muito da adesão às preocupações ambientais por parte dos executivos-chefes das empresas acelerou-se pelo fato de que esta proporciona um menor consumo dos recursos ambientais, poupa dinheiro e contribui para uma imagem corporativa "limpa". Diamond (2009) cita, ainda, os exemplos de três corporações – Walmart, Coca-Cola e Chevron – sempre muito criticadas. O Walmart, por exemplo, reduziu seus gastos com combustíveis simplesmente alterando a maneira de gestão da sua frota de caminhões. Em vez de manter o motor do caminhão ligado a noite toda para aquecer ou refrigerar a cabine durante as paradas para descanso, a empresa instalou pequenos geradores auxiliares. Além de reduzir o gasto de combustível, a medida também reduziu as emissões de dióxido de carbono.

Para o autor, outro exemplo do Walmart envolve a diminuição dos custos associados ao material de embalagem. Na América do Norte, a rede agora só vende detergentes líquidos concentrados, o que reduz em até 50% o tamanho das embalagens. As lojas também dispõem de máquinas que reciclam o plástico que antes era jogado fora. A meta da empresa é, no futuro, não ter mais lixo de embalagens. Além de tudo isso, o Walmart decidiu, em 2006, que em cinco anos transferiria todas as suas compras de peixes e frutos do mar coletados na natureza para empresas pesqueiras certificadas como sustentáveis.

O mesmo autor informa ainda que a Coca-Cola, cuja sobrevivência depende da água de boa qualidade, consciente dos problemas que afetam os recursos hídricos no mundo, optou pela meta de tornar suas fábricas "neutras em água", devolvendo ao meio ambiente uma quantidade de água igual à que foi usada nas bebidas e na sua produção. Outro objetivo é trabalhar na conservação de sete grandes bacias fluviais, incluindo as dos rios Grande (fronteira México-Estados Unidos), Yang-tsé, Mekong e Danúbio, todos eles locais de grandes preocupações ambientais, além de fornecerem água à Coca-Cola (Diamond, 2009).

A terceira empresa usada como exemplo por Diamond (2009) é a Chevron, por conta dos altíssimos padrões de proteção ambiental adotados em seus campos petrolíferos. Segundo o autor, nem em parques nacionais existe uma proteção ambiental tão rigorosa quanto nos novos campos de petróleo administrados pela empresa em Papua-Nova Guiné.

Por conta de exemplos como esses é que, mesmo reconhecendo que a sustentabilidade empresarial ainda está longe de ser a solução definitiva para os problemas socioambientais que afligem a humanidade, e que a adoção de uma "economia verde" exige medidas muito mais drásticas no que diz respeito aos padrões de produção e consumo, não podemos desconsiderar a importância da empresa produtiva, como instituição hegemônica no mundo atual, na solução da problemática ambiental. Se grande parte dos problemas ambientais foi causada por práticas produtivas agressivas ao meio ambiente, certamente terá, nas novas abordagens e na gestão socioambiental competente, grandes aliadas na sua solução.

Esperamos, com este livro, ter contribuído para a formação de técnicos e gestores comprometidos com a ética, a responsabilidade corporativa e a sustentabilidade da vida.

referências

ABNT – Associação Brasileira de Normas Técnicas. *NBR ISO 14001*: sistemas de gestão ambiental – requisitos com orientações para uso. Rio de Janeiro, 2004.

_____. *O que é rótulo ecológico*. Disponível em: <http://www.abntonline.com.br/rotulo/Abnt.aspx>. Acesso em: 20 jun. 2012a.

_____. *Rótulo ecológico ABNT*: programa. Disponível em: <http://www.abntonline.com.br/rotulo>. Acesso em: 20 jun. 2012b.

ACSELRAD, H. Movimento de justicia ambiental: estratégia argumentativa y fuerza simbólica. In: RIECHMANN, J. (Coord.). *Ética ecológica*: propuestas para uma reorientación. Montevideo: Nordan-Comunidad, 2004.

ALENCASTRO, M. S. C. *A ética de Hans Jonas*: alcances e limites sob uma perspectiva pluralista. 165 f. Tese (Doutorado em Meio Ambiente e Desenvolvimento) – Universidade Federal do Paraná, Curitiba, 2007. Disponível em: <http://dspace.c3sl.ufpr.br/dspace/bitstream/handle/1884/10282/tese_made%5bufpr%5d_alencastro_130607.pdf?sequence=1>. Acesso em: 20 jun. 2012.

_____. Ambientalismo e relações políticas internacionais. In: TAGLIARI, V. A. (Org.). *Relações internacionais*: uma abordagem multidisciplinar. Curitiba: Juruá, 2009. p. 145-162.

_____. *Ética empresarial na prática*: liderança, gestão e responsabilidade corporativa. Curitiba: Ibpex, 2010.

ALENCASTRO, M. S. C.; HEEMANN, A. *Prudência e responsabilidade*: conceitos básicos na formulação de um "ethos" de sobrevivência para as sociedades de risco. 2006. Disponível em: <http://www.anppas.org.br/encontro_anual/encontro3/arquivos/TA231-03032006-111140.DOC>. Acesso em: 29 jun. 2012.

ALMEIDA, F. *Entrevista exclusiva*: Fernando Almeida. 4 set. 2005. Disponível em: <http://noticias.ambientebrasil.com.br/noticia/?id=20689>. Acesso em: 20 jun. 2012.

_____. *O bom negócio da sustentabilidade*. Rio de Janeiro: Nova Fronteira, 2002.

ALTVATER, E. *O preço da riqueza*. São Paulo: Ed. da Unesp, 1995.

ASHLEY, P.; CARDOSO, A. J. G. Uma revisão da literatura contemporânea sobre responsabilidade social corporativa. In: ASHLEY, P. (Coord.). *Ética e responsabilidade social nos negócios*. São Paulo: Saraiva, 2002.

BACKER, P. de. *Gestão ambiental*: a administração verde. Rio de Janeiro: Qualitymark, 2002.

BALANÇO SOCIAL. Disponível em: <http://www.balancosocial.org.br>. Acesso em: 20 jun. 2012.

BARBIERI, J. C. *Gestão ambiental empresarial*. São Paulo: Saraiva, 2007.

BECK, U. *Risk Society*: Towards a New Modernity. Thousand Oaks, CA: Sage Publications, 1992.

BERTÉ, R. *Gestão socioambiental no Brasil*. Curitiba: Ibpex, 2009.

BRASIL. Constituição (1988). *Diário Oficial da União*, Brasília, 5 out. 1988. Disponível em: <http://www.planalto.gov.br/ccivil_03/constituicao/constitui%C3%A7ao.htm>. Acesso em: 27 ago. 2012.

BRASIL. Decreto n. 97.632, de 10 de abril de 1989. *Diário Oficial da União*, Poder Executivo, Brasília, 12 abr. 1989. Disponível em: <http://www.planalto.gov.br/ccivil_03/decreto/1980-1989/D97632.htm>. Acesso em: 20 jun. 2012.

BRASIL. Lei n. 6.938, de 31 de agosto de 1981. *Diário Oficial da União*, Poder Legislativo, Brasília, 2 set. 1981. Disponível em: <https://www.planalto.gov.br/ccivil_03/leis/l6938.htm>. Acesso em: 20 jun. 2012.

_____. Lei n. 9.605, de 12 de fevereiro de 1998. *Diário Oficial da União*, Poder Legislativo, Brasília, 13 fev. 1998. Disponível em: <http://www.planalto.gov.br/ccivil_03/leis/L9605.htm>. Acesso em: 20 jun. 2012.

_____. Lei n. 12.305, de 2 de agosto de 2010. *Diário Oficial da União*, Poder Legislativo, Brasília, 3 out. 2010. Disponível em: <http://www.planalto.gov.br/ccivil_03/_ato2007-2010/2010/lei/l12305.htm>. Acesso em: 20 jun. 2012.

BRASIL. Ministério do Meio Ambiente. *Documento Agenda 21 da Conferência das Nações Unidas sobre Meio Ambiente e Desenvolvimento*. Disponível em: <http://www.mma.gov.br/responsabilidade-socioambiental/agenda-21/agenda-21-global>. Acesso em: 20 jun. 2012.

BRASIL. Ministério do Meio Ambiente. Conselho Nacional do Meio Ambiente. Resolução Conama n. 001, de 23 de janeiro de 1986. *Diário Oficial da União*, Brasília, 17 fev. 1986. Disponível em: <http://www.mma.gov.br/port/conama/res/res86/res0186.html>. Acesso em: 20 jun. 2012.

_____. Resolução Conama n. 237, de 19 de dezembro de 1997. *Diário Oficial da União*, Brasília, 22 dez. 1997. Disponível em: <http://www.mma.gov.br/port/conama/res/res97/res23797.html>. Acesso em: 20 jun. 2012.

CAMPOS, V. F. *Gerenciamento da rotina do trabalho do dia a dia*. 8. ed. Belo Horizonte: INDG Tecnologia e Serviços Ltda., 2004.

CARROLL, A. The Pyramid of Corporate Social Responsibility: Towards the Moral Management of Organizational Stakeholders. *Business Horizons*, Indianapolis, v. 34, n. 4, p. 39-48, Jul./Aug. 1991. Disponível em: <http://www.cbe.wwu.edu/dunn/rprnts.pyramidofcsr.pdf>. Acesso em: 20 jun. 2012.

CARTA DA TERRA. 2012. Disponível em: <http://www.paulofreire.org/wp-content/uploads/2012/PME/Carta_da_Terra.pdf>. Acesso em: 20 jun. 2012.

CEBDS – Conselho Empresarial Brasileiro para o Desenvolvimento Sustentável. Disponível em: <http://www.cebds.org.br>. Acesso em: 20 jun. 2012.

CMMAD – Comissão Mundial sobre Meio Ambiente e Desenvolvimento. *Nosso futuro comum*. 2. ed. Rio de Janeiro: Ed. da FGV, 1991.

CNTL – Centro Nacional de Tecnologias Limpas. *CNTL Senai*: histórico. Disponível em: <http://wwwapp.sistemafiergs.org.br/portal/page/portal/sfiergs_senai_uos/senairs_uo697/CNTL%20SENAI%20-%20HIST%D3RICO_0.pdf>. Acesso em: 20 jun. 2012a.

_____. *O que é produção mais limpa?* Disponível em: <http://wwwapp.sistemafiergs.org.br/portal/page/portal/sfiergs_senai_uos/senairs_uo697/O%20que%20%E9%20Produ%E7%E3o%20mais%20Limpa.pdf>. Acesso em: 20 jun. 2012b.

DALTON, R. *The Green Rainbow*: Environmental Groups in Western Europe. New Haven: Yale University Press, 1994.

DASHEFSKY, H. S. *Dicionário de ciência ambiental*: um guia de A a Z. 3. ed. São Paulo: Gaia, 2003.

DE GROOT, R. S. *Functions of Nature*: Evaluation of Nature in Environmental Planning, Management and Decision-Making. Amsterdam: Wolters-Noordhoff, 1992.

DIAMOND, J. As grandes empresas vão salvar o mundo? *Revista Veja*, São Paulo, n. 2.145, 30 dez. 2009. Disponível em: <http://veja.abril.com.br/301209/grandes-empresas-vao-salvar-mundo-p-268.shtml>. Acesso em: 20 jun. 2012.

DIAS, G. F. *Pegada ecológica e sustentabilidade humana*. São Paulo: Gaia, 2002.

DIAS, R. *Responsabilidade social e sustentabilidade*. São Paulo: Atlas, 2006.

DNIT – Departamento Nacional de Infraestrutura de Transporte. *Guias de risco*. Disponível em: <http://ipr.dnit.gov.br/pp/guias_emergencia.php>. Acesso em: 20 jun. 2012.

DNPM – Departamento Nacional de Produção Mineral. Disponível em: <http://www.dnpm.gov.br>. Acesso em: 20 jun. 2012.

DRUCKER, P. O homem. In: _____. *O melhor de Peter Drucker*. São Paulo: Nobel, 2006.

ECOLABEL INDEX. Disponível em: <http://www.ecolabelindex.com/ecolabels/#A>. Acesso em: 7 set. 2012.

ELKINGTON, J. C. *Cannibals with Forks*: the Triple Bottom Line of 21st Century Business. Oxford, MA: Oxford Publishing, 1997.

FAO – Food and Agriculture Organization. Disponível em: <http://www.fao.org>. Acesso em: 21 mar. 2012.

FERRY, L. *The New Ecological Order*. Chicago: The University of Chicago Press, 1995.

FOLON, J. *Du développement durable à la responsabilité sociétale*: cours donné en 2010 à l'ICHEC Brussels Management School et à l'Université de Metz. Metz: 2010. 55 slides. Disponível em: <http://www.slideshare.net/FOLON/du-dveloppement-durable-la-responsabilit-socitale>. Acesso em: 25 mar. 2012.

FRANÇA, M. A. de. *Além do lucro*: o desafio da competição responsável. São Paulo: Saraiva, 2007.

FREIRE, F. de S. *O balanço social no Brasil*: gênese, finalidade e implementação como complemento às demonstrações contábeis. Fortaleza, 1997. Mimeografado.

FURTADO, J. S.; SILVA, E. R. F.; MARGARITO, A. C. *Estratégias de gestão ambiental e os negócios da empresa*. São Paulo: Universidade de São Paulo, 2001. Disponível em: <http://teclim.ufba.br/jsf/producaol/jsf%20gestneg_ago99.PDF>. Acesso em: 10 set. 2012.

GARDELS, N. Globalização produz países ricos com pessoas pobres. *O Estado de S. Paulo*, 27 set. 2006. Disponível em: <http://acervo.estadao.com.br/pagina/#!/20060927-41252-nac-27-eco-b8-not>. Acesso em: 20 jun. 2012.

GIDDENS, A. *As consequências da modernidade*. São Paulo: Ed. da Unesp, 1991.

GLOBAL FOOTPRINT NETWORK. Disponível em: <http://www.footprintnetwork.org>. Acesso em: 20 jun. 2012.

GRI – Global Reporting Initiative. *Sustainability Reporting Guidelines*. 2011. Disponível em: <https://www.globalreporting.org/resourcelibrary/G3.1-Guidelines-Incl-Technical-Protocol.pdf>. Acesso em: 20 jun. 2012.

GRÜNINGER, B.; OLIVEIRA, F. I. *Normas e certificações*: padrões para a responsabilidade social de empresas. [S.l.]: B&SD Ltda., fev. 2002. Disponível em: <http://www.ethos.org.br/_Uniethos/Documents/texto_Beat_Gruninger.pdf>. Acesso em: 7 set. 2012.

GUIMARÃES, H. W. M. Responsabilidade social da empresa: uma visão histórica de sua problemática. *Revista de Administração de Empresas*, v. 24, n. 4, p. 211--219, out./dez. 1984.

HUSTED, B. W.; SALAZAR, J. J. Taking Friedman Seriously: Maximizing Profits and Social Performance. *Journal of Management Studies*, v. 43, n. 1, p. 75-91, Jan. 2006. Disponível em: <http://onlinelibrary.wiley.com/doi/10.1111/j.1467-6486.2006.00583.x/full>. Acesso em: 20 jun. 2012.

IBAMA – Instituto Brasileiro do Meio Ambiente e dos Recursos Naturais Renováveis. Disponível em: <http://www.ibama.gov.br>. Acesso em: 20 jun. 2012.

INMETRO – Instituto Nacional de Metrologia, Normalização e Qualidade Industrial. *Avaliação da conformidade*: certificação. Disponível em: <http://www.inmetro.gov.br/qualidade/certificacao.asp>. Acesso em: 20 jun. 2012a.

_____. *Acreditação*: o que é acreditação. Disponível em: <http://www.inmetro.gov.br/credenciamento/oqe_acre.asp>. Acesso em: 20 jun. 2012b.

INMETRO – Instituto Nacional de Metrologia, Normalização e Qualidade Industrial. *Apresentação*: organismos de certificação. Disponível em: <http://www.inmetro.gov.br/organismos>. Acesso em: 20 jun. 2012c.

_____. *Responsabilidade social*. Disponível em: <http://www.inmetro.gov.br/qualidade/responsabilidade_social/pontos-iso.asp>. Acesso em: 20 jun. 2012d.

INSTITUTO ETHOS DE EMPRESAS E RESPONSABILIDADE SOCIAL. *Indicadores Ethos de responsabilidade social empresarial*. Disponível em: <http://www.ethos.org.br/docs/conceitos_praticas/indicadores/3G>. Acesso em: 20 jun. 2012a.

_____. *O que é RSE*. Disponível em: <http://www1.ethos.org.br/EthosWeb/pt/29/o_que_e_rse/o_que_e_rse.aspx>. Acesso em: 20 jun. 2012b.

_____. *Princípios e compromissos*. Disponível em: <http://www1.ethos.org.br/EthosWeb/pt/380/o_instituto_ethos/quem_somos/principios_e_compromissos/principios_e_compromissos.aspx>. Acesso em: 24 ago. 2012c.

_____. *Referências*. Disponível em: <http://www1.ethos.org.br/EthosWeb/pt/52/o_que_e_rse/referencias/referencias.aspx>. Acesso em: 12 set. 2012d.

IPCC – Intergovernmental Panel on Climate Change. Disponível em: <http://www.ipcc.ch>. Acesso em: 7 mar. 2012

IPEA – Instituto de Pesquisas Econômicas Aplicadas. *A iniciativa privada e o espírito público*: a evolução da ação social das empresas privadas no Brasil. Brasília, jul. 2006. Disponível em: <http://www.ipea.gov.br/acaosocial/IMG/pdf/doc-28.pdf>. Acesso em: 20 jun. 2012.

ISO – International Organization for Standardization. Disponível em: <http://www.iso.org>. Acesso em: 20 jun. 2012.

_____. *Environmental Management*: the ISO 14000 Family of International Standards, 2009. Disponível em: <http://www.iso.org/iso/theiso14000family_2009.pdf>. Acesso em: 7 set. 2012.

ISO 26000– Norma Internacional de Responsabilidade Social. *Temas centrais da responsabilidade social*. Disponível em: <http://uniethos.tempsite.ws/iso26000/capitulo-a-capitulo/6-temas-centrais-da-responsabilidade-social>. Acesso em: 29 jun. 2012.

JONAS, H. *O princípio responsabilidade*: ensaio de uma ética para a civilização tecnológica. Rio de Janeiro: Contraponto; Ed. da PUC-Rio, 2006.

KARKOTLI, G.; ARAGÃO, S. D. *Responsabilidade social*: uma contribuição à gestão transformadora das organizações. Petrópolis: Vozes, 2004.

KOTLER, P.; ARMSTRONG, G. *Princípios de marketing*. 12. ed. São Paulo: Pearson Prentice Hall, 2007.

KUHN, T. S. *A estrutura das revoluções científicas*. 7. ed. São Paulo: Perspectiva, 2003.

KWIATKOWSKA, T.; ISSA, J. (Org.). *Los caminos de la ética ambiental*: una antología de textos contemporáneos. México-DF: Editorial Plaza y Valdés, 1998.

LAYRARGUES, P. P. *A cortina de fumaça*: o discurso empresarial verde e a ideologia da racionalidade econômica. São Paulo: Annablume, 1998.

LE PRESTRE, P. *Ecopolítica internacional*. São Paulo: Ed. do Senac, 2000.

LEFF, E. *Epistemologia ambiental*. São Paulo: Cortez, 2001a.

_____. *Saber ambiental*: sustentabilidade, racionalidade, complexidade, poder. 3. ed. Petrópolis: Vozes, 2001b.

LUCA, M. M. M. de. *Demonstração do valor adicionado*. São Paulo: Atlas, 1998.

MACHADO FILHO, C. P. *Responsabilidade social e governança*: o debate e as implicações. São Paulo: Pioneira, 2006.

MCCORMICK, J. *Rumo ao paraíso*: a história do movimento ambientalista. Rio de Janeiro: Relume-Dumará, 1992.

MEADOWS, D. L. et al. *The Limits to Growth*. New York: Universe Books, 1972.

MEDEIROS, M. A Trajetória do Welfare State no Brasil: papel redistributivo das políticas sociais dos anos 1930 aos anos 1990. *Textos para Discussão*, Brasília, n. 852, dez. 2001. Disponível em: <http://www.ipea.gov.br/pub/td/td_2001/td_0852.pdf>. Acesso em: 29 jun. 2010.

MONTANA, P. J.; CHARNOV, B. H. *Administração*. São Paulo: Saraiva, 1998.

MONTIBELLER FILHO, G. *O mito do desenvolvimento sustentável*: meio ambiente e custos sociais no moderno sistema produtor de mercadorias. Florianópolis: Ed. da UFSC, 2004.

MOREIRA, J. M. *A ética empresarial no Brasil*. São Paulo: Pioneira, 1999.

MORI, M. L'ambiente nel dibattito etico contemporaneo. In: SCAMUZZI, S. (Org.). *Costituzioni, razionalità, ambiente*. Torino: Bollati-Boringhieri, 1994. p. 91-127.

MOUSINHO, P. Glossário. In: TRIGUEIRO, A. (Org.). *Meio ambiente no século 21*: 21 especialistas falam da questão ambiental nas suas áreas de conhecimento. Rio de Janeiro: Sextante, 2003. p. 332-367.

MOVIMENTO NÓS PODEMOS PARANÁ. *Objetivos de desenvolvimento do milênio*. Disponível em: <http://www.fiesp.org.br/nospodemosparana/FreeComponent2013content78219.shtml>. Acesso em: 12 nov. 2012.

NAESS, A. The Shallow and the Deep: Long-Range Ecology Movement. *Inquiry*, n. 16, p. 95-100, 1973.

NETO, A. S.; CAMPOS, L. M. de S.; SHIGUNOV, T. *Fundamentos da gestão ambiental*. Rio de Janeiro: Ciência Moderna, 2009.

OFICINA DA EMBALAGEM. Disponível em: <http://www.oficinadaembalagem.com.br>. Acesso em: 29 jun. 2012.

PÁDUA, J. A. A profecia dos desertos da Líbia: conservação da natureza e construção nacional no pensamento de José Bonifácio. *Revista Brasileira de Ciências Sociais*, v. 15, n. 44, p. 119, 2000. Disponível em: <http://www.scielo.br/pdf/rbcsoc/v15n44/4151.pdf>. Acesso em: 29 jun. 2012.

PELIZZOLI, M. L. *A emergência do paradigma ecológico*: reflexões ético-filosóficas para o século XXI. Petrópolis: Vozes, 1999.

PEPPER, D. *Ambientalismo moderno*. Lisboa: Instituto Piaget, 1996.

PNUMA – Programa das Nações Unidas para o Meio Ambiente. *Keeping Track of our Changing Environment*: from Rio to Rio+20 (1992-2012). Nairobi: United Nations Environment Programme, 2011.

_____. *Perspectivas del medio ambiente mundial Geo 4*: medio ambiente para el desarrollo – resumen para los tomadores de decisiones. 2007. Disponível em: <http://www.unep.org/geo/GEO4/media/GEO4_SDM_Spanish.pdf>. Acesso em: 29 jun. 2012.

PORTER, M. E.; KRAMER, M. The Competitive Advantage of Corporate Philanthropy. *Harvard Business Review*, v. 80, n. 12, p. 57-68, 2002.

PRAHALAD, C. K.; NIDUMOLU, R.; RANGASWAMI, M. R. Por que a sustentabilidade é hoje o maior motor da inovação? *Harvard Business Review*, São Paulo, v. 87, n. 9, p. 27-34, set. 2009.

RESENDE, M. *Caracterização dos solos tropicais brasileiros*. Brasília: Associação Brasileira de Educação Agrícola Superior, 1988.

RIBEIRO, W. C. O Brasil e a Rio+10. *Revista do Departamento de Geografia*, São Paulo, n. 15, p. 37-44, 2002. Disponível em: <http://www.geografia.fflch.usp.br/publicacoes/RDG/RDG_15/37-44.pdf>. Acesso em: 29 jun. 2012.

RIO+20 – Conferência das Nações Unidas sobre Desenvolvimento Sustentável. Disponível em: <http://www.rio20.gov.br>. Acesso em: 12 jun. 2012a.

RIO+20 – United Nations Conference on Sustainable Development. *El futuro que queremos*. Disponível em: <http://daccess-dds-ny.un.org/doc/UNDOC/LTD/N12/436/91/PDF/N1243691.pdf?OpenElement>. Acesso em: 7 set. 2012b.

ROA, F. J. (Coord.). *Ética del marketing*. Madrid: Unión Editorial, 1999.

RODRIGUES, E.; PRIMACK, R. *Ecologia da conservação*. Londrina: Planta, 2001.

RUSS, J. *Pensamento ético contemporâneo*. São Paulo: Paulus, 1999.

SACHS, I. *Estratégias de transição para o século XXI*. São Paulo: Nobel, 1993.

SAI – Social Accountability International. *Social Accountability 8000*. Disponível em: <http://www.sa-intl.org/_data/n_0001/resources/live/2008StdEnglishFinal.pdf>. Acesso em: 29 jun. 2012.

SANCHES, C. S. Gestão ambiental proativa. *Revista de Administração de Empresas*, v. 40, n. 1, p. 76-87, 2000. Disponível em: <http://rae.fgv.br/sites/rae.fgv.br/files/artigos/10.1590_S0034-75902000000100009.pdf>. Acesso em: 7 set. 2012.

SENAC – Serviço Nacional de Aprendizagem Comercial. *Formação e trabalho*. Rio de Janeiro: Ed. Senac Nacional, 1997.

SERRES, M. *O contrato natural*. Lisboa: Instituto Piaget, 1994.

SOLOMON, R. C. *A melhor maneira de fazer negócio*. São Paulo: Negócio, 2000.

STEFFEN, W. et al. *Global Change and the Earth Systems*: a Planet Under Pressure. 2004. Disponível em: <http://www.igbp.net/download/18.1b8ae20512db692f2a680007761/IGBP_ExecSummary_eng.pdf>. Acesso em: 29 jun. 2012.

TENÓRIO, F. G. *Responsabilidade social empresarial*: teoria e prática. 2. ed. Rio de Janeiro: Ed. da FGV, 2006.

THE CLUB OF ROME. Disponível em: <http://www.clubofrome.org>. Acesso em: 29 jun. 2012.

TORRES, C. Responsabilidade social das empresas. In: SESI – Serviço Social da Indústria. *Fórum responsabilidade e balanço social*. Brasília: Sesi, 2003.

UNIDO – United Nations Industrial Development Organization. *Cleaner Production (CP)*. Disponível em: <http://www.unido.org/index.php?id=05152>. Acesso em: 7 set. 2012.

VALLE, C. E. do. *Qualidade ambiental*: ISO 14000. 8. ed. São Paulo: Ed. Senac, 2002.

WBCSD – World Business Council for Sustaintable Development. *A ecoeficiência*: criar mais valor com menos impacto. 2000a. Disponível em: <http://www.wbcsd.org/web/publications/eco_efficiency_creating_more_value-portuguese.pdf> Acesso em: 29 jun. 2012.

_____. *Corporate Social Responsibility*: Meeting Changing Expectation. 2000b. Disponível em: <http://www.wbcsd.org/pages/edocument/edocumentdetails.aspx?id=82&nosearchcontextkey=true>. Acesso em: 29 jun. 2012.

WORTHINGTON, D. *Stakeholder Management, Approach and Plan*. [S.l.]: NSWHealth, 2012. Disponível em: <http://www.archi.net.au/documents/resources/models/km/stakeholder-management.doc>. Acesso em: 7 set. 2012.

WWI – The Worldwatch Institute. *Estado do mundo 2010*: transformando culturas – estado do consumo e o consumo sustentável. 2010. Disponível em: <http://www.uma.org.br/estado_2010.pdf>. Acesso em: 29 jun. 2012.

sobre o autor

Mario Sergio Cunha Alencastro é graduado em Engenharia Civil pela Universidade Veiga de Almeida (UVA-RJ), pós-graduado em Administração pela FAE Centro Universitário (FAE-PR) e em Filosofia pela Pontifícia Universidade Católica do Paraná (PUCPR). É, também, mestre em Tecnologia pela Universidade Tecnológica Federal do Paraná (UTFPR) e doutor em Meio Ambiente e Desenvolvimento pela Universidade Federal do Paraná (UFPR). Atualmente, trabalha como professor e pesquisador no Centro Universitário Uninter e na Universidade Tuiuti do Paraná (UTP). Além das atividades docentes, atua como consultor de empresas e conferencista nas áreas de desenvolvimento sustentável, ética empresarial e responsabilidade socioambiental.

Impressão: Optagraf
Dezembro/2021